高等学校土建类学科专业"十四五"系列教材
高等学校系列教材

建设项目全过程工程咨询控制与风险防范

李永福　边瑞明　申　建　编著

中国建筑工业出版社

图书在版编目（CIP）数据

建设项目全过程工程咨询控制与风险防范/李永福，边瑞明，申建编著. —北京：中国建筑工业出版社，2021.7

高等学校土建类学科专业"十四五"系列教材　高等学校系列教材

ISBN 978-7-112-26049-2

Ⅰ.①建… Ⅱ.①李…②边…③申… Ⅲ.①基本建设项目-咨询服务-风险管理-高等学校-教材 Ⅳ.①F284

中国版本图书馆CIP数据核字（2021）第066984号

基于对我国建设项目全过程工程咨询发展现状和未来的思考，在查阅大量参考文献的基础上，撰写了此书。全书共7章，内容涵盖了建设项目全过程工程咨询概述、建设项目全过程工程咨询的风险管理、建设项目决策阶段咨询控制与风险防范、建设项目设计阶段咨询控制与风险防范、建设项目施工阶段咨询控制与风险防范、建设项目竣工阶段咨询控制与风险防范、建设项目运营阶段咨询控制与风险防范。

本书适合土建类全过程工程咨询、工程管理、土木工程相关专业人员使用，也适合作为高等院校工程管理、土木工程专业师生的参考书。

本书作者制作了配套的教学课件，可供选用此书作为教材的教师使用，请按以下方式索取课件：1. 邮箱：jckj@cabp.com.cn 或 jiangongkejian@163.com（请注明书名）；2. 电话：（010）58337285；3. 建工书院：http://edu.cabplink.com。

责任编辑：赵　莉　吉万旺
责任校对：芦欣甜

高等学校土建类学科专业"十四五"系列教材
高等学校系列教材
建设项目全过程工程咨询控制与风险防范
李永福　边瑞明　申　建　编著
*
中国建筑工业出版社出版、发行（北京海淀三里河路9号）
各地新华书店、建筑书店经销
霸州市顺浩图文科技发展有限公司制版
廊坊市海涛印刷有限公司印刷
*
开本：787毫米×1092毫米　1/16　印张：9¼　字数：222千字
2021年7月第一版　2021年7月第一次印刷
定价：30.00元（赠教师课件）
ISBN 978-7-112-26049-2
（37641）

版权所有　翻印必究
如有印装质量问题，可寄本社图书出版中心退换
（邮政编码100037）

二役建設國之重
質量安全至嚴撌
諮詢服務求精深
管理創新建奇功

辛丑春王早生題

本教材编委会名单

编著单位

山东建筑大学

北京中兴恒工程咨询有限公司

山东大卫国际建筑设计有限公司

北京中城建业技术培训中心

编著人员

李永福（山东建筑大学）统编第 1~4 章

李桓宇、邴军（北京中城建业技术培训中心）合编第 1 章

刘作伟、李琦（山东建筑大学）合编第 2 章

朱天乐、陆晨（山东建筑大学）合编第 3 章

田宪刚、郭秋雨、时吉利（山东建筑大学）合编第 4 章

边瑞明（北京中兴恒工程咨询有限公司）统编第 5~7 章

申建（山东大卫国际建筑设计有限公司）编写第 5 章

李清春、张宗雯（北京中兴恒工程咨询有限公司）合编第 6 章

张建琴、胡双豫（北京中兴恒工程咨询有限公司）合编第 7 章

序　　言

2017年2月，国务院办公厅印发《关于促进建筑业持续健康发展的意见》（国办发〔2017〕19号），要求完善工程建设组织模式，培育全过程工程咨询。这是国家在建筑工程全产业链中首次明确提出"全过程工程咨询"这一概念，旨在适应发展社会主义市场经济和建设项目市场国际化需要，提高工程建设管理和咨询服务水平，保证工程质量和投资效益。

建设项目具有周期长、施工条件复杂、涉及单位多、单件性和一次性等特征，集合了经济、技术、管理、组织等方面的内容，存在大量的不确定性因素，比一般产品具有更大的风险。针对各个阶段建设项目的特点，本书通过全过程工程风险分析，将风险管理的理念应用到全过程工程咨询管理的实践当中，以期降低建设项目全过程中的风险，提高建设项目质量，真可谓是建设项目全过程，咨询服务艺精深，风险防范举措严，管理创新建奇功。

建设项目全过程工程咨询控制远未发展到成熟阶段，有挑战性的问题，尤其涉及风险防范的问题有待解决。其中设计阶段是建设项目进行全面规划和具体描述实施意图的过程，是全过程工程咨询的灵魂，是处理技术与经济关系的关键性环节，更是建设项目全过程工程咨询控制与风险防范的主要环节，也是保证建设项目质量和控制建设项目造价的关键性阶段。《建设项目全过程工程咨询控制与风险防范》尝试从项目的全过程对工程咨询服务的控制以及风险防范进行阐述，以案解析，深入浅出，信息量大，涉及面广，读之获益甚多。

建设项目工程咨询及风险的防范对中国建筑业的赋能作用日益凸显，本书的出版对于我国建筑业，特别是在房屋建筑领域推行全过程工程咨询的发展也将具有十分重要的现实意义。

住房和城乡建设部原建筑市场管理司副司长
住房和城乡建设部城市管理监督局原局长
中国建设监理协会会长
王早生
2021年3月9日

前　言

全过程工程咨询将集约思想融入建设项目中，充分有效地发挥全过程工程咨询的作用，有利于提高建设项目的质量和效率，使建设资源的运用更加科学、合理、节约；推行全过程工程咨询是建设项目提升价值的集中体现，提高工程建设管理水平，提升行业集中度，保证建设项目获取最大的经济和使用效益。

《建设项目全过程工程咨询控制与风险防范》这本书汇集了全国高等院校、工程咨询企业、建筑设计企业等众多专家、学者参与编写。住房和城乡建设部原建筑市场管理司副司长、住房和城乡建设部城市管理监督局原局长、中国建设监理协会会长王早生先生作了序言。王早生会长对建设项目全过程工程咨询控制与风险防范站位高，在2020年5月倡导"深耕监理，拓展管理，升级全咨，争当主力"，积极号召建设监理企业做好全过程工程咨询控制与风险防范，得到全国监理企业的响应与支持。王早生会长为该书作了礼赞：建设项目全过程，涉面复杂深内容。确保精品百年优，重在咨询严监控。服务细化目标明，风险防范措施清。恪尽职守勇担当，管理创新建奇功。

随着建设工程项目规模越来越大，风险和由此带来的损失也越来越大，有必要从理论上和实践上重视对建设工程项目全过程的风险管理研究。

本书共包含7章内容，第1章总体介绍建设项目全过程工程咨询的现状、目标管理和控制以及基本思想和各参与方职责等；第2章主要介绍了建设项目全过程工程咨询的风险管理，主要包括建设项目全过程工程咨询的风险管理导论、风险因素，以及风险管理的流程和方法等；第3~7章分别介绍了决策阶段、设计阶段、施工阶段、竣工阶段、运营阶段的咨询控制和风险防范。

本书的编著单位有山东建筑大学、北京中兴恒工程咨询有限公司、山东大卫国际建筑设计有限公司、北京中城建业技术培训中心。

由于作者理论水平有限，书中存在疏漏和谬误之处在所难免，敬请同行和读者不吝斧正。本书在编写过程中，参考了大量的有关文献资料，除了书后所附参考文献外，还借鉴了其他一些专家学者的研究成果，在此不一一列出，谨在此一并致谢！

目 录

第1章 建设项目全过程工程咨询概述	1
本章学习目标	2
本章学习导航	2
1.1 建设项目全过程工程咨询现状	2
1.2 建设项目全过程工程咨询目标管理和控制	5
1.3 建设项目全过程工程咨询的基本思想	8
1.4 建设全过程工程咨询各参与方职责	11
1.5 建设项目全过程工程咨询服务的内容	13
1.6 建设项目全过程工程咨询服务的范围	16
1.7 建设项目全过程工程咨询的意义	17
复习思考题	18
第2章 建设项目全过程工程咨询的风险管理	19
本章学习目标	20
本章学习导航	20
2.1 建设项目全过程工程咨询风险管理导论	20
2.2 建设项目全过程工程咨询的风险因素	23
2.3 建设项目全过程工程咨询风险的识别	25
2.4 建设项目全过程工程咨询风险的类型	26
2.5 建设项目全过程工程咨询风险管理	28
2.6 建设项目全过程工程咨询风险的处理措施	29
复习思考题	31
第3章 建设项目决策阶段咨询控制与风险防范	33
本章学习目标	34
本章学习导航	34
3.1 项目前期策划设计及准备工作管理	34
3.2 项目前期策划管理	36
3.3 建设用地及工程规划许可证办理	39
3.4 项目前期规划咨询与评估服务管理	42
3.5 编制项目建议书的风险管理	44
3.6 项目可行性研究的风险管理	46
3.7 项目投资估算编制的风险管理	49
3.8 本章总结	53
3.9 案例分析	57

  复习思考题 ······ 60

第4章　建设项目设计阶段咨询控制与风险防范 ······ 61

  本章学习目标 ······ 62
  本章学习导航 ······ 62
  4.1　建设项目设计阶段概述 ······ 62
  4.2　建设项目设计管理的采购控制 ······ 64
  4.3　设计概算的风险管理 ······ 65
  4.4　项目方案设计的风险管理 ······ 67
  4.5　项目初步设计的风险管理 ······ 68
  4.6　项目施工图设计的风险管理 ······ 70
  4.7　本章总结 ······ 72
  4.8　案例分析 ······ 73
  复习思考题 ······ 75

第5章　建设项目施工阶段咨询控制与风险防范 ······ 77

  本章学习目标 ······ 78
  本章学习导航 ······ 78
  5.1　招标文件编制 ······ 78
  5.2　招标过程管理 ······ 80
  5.3　项目勘察和设计的风险管理 ······ 82
  5.4　工程项目施工的风险管理 ······ 84
  5.5　项目质量控制的风险管理 ······ 85
  5.6　项目进度控制的风险管理 ······ 87
  5.7　项目成本控制的风险管理 ······ 89
  5.8　工程项目安全风险管理 ······ 91
  5.9　本章总结 ······ 93
  5.10　案例分析 ······ 95
  复习思考题 ······ 97

第6章　建设项目竣工阶段咨询控制与风险防范 ······ 99

  本章学习目标 ······ 100
  本章学习导航 ······ 100
  6.1　项目竣工验收计划 ······ 100
  6.2　项目竣工质量初验 ······ 104
  6.3　项目竣工验收的风险管理 ······ 105
  6.4　项目竣工结算的风险管理 ······ 107
  6.5　项目竣工资料管理 ······ 109
  6.6　项目移交的风险管理 ······ 111
  6.7　项目竣工决算的风险管理 ······ 114
  6.8　本章重难点分析 ······ 117
  6.9　案例分析 ······ 119

复习思考题………………………………………………………………………… 122
第7章　建设项目运营阶段咨询控制与风险防范………………………………… 123
　　本章学习目标……………………………………………………………………… 124
　　本章学习导航……………………………………………………………………… 124
　　7.1　项目后评价的风险管理 ……………………………………………………… 124
　　7.2　项目经营管理的风险管理 …………………………………………………… 129
　　7.3　项目设施管理的风险管理 …………………………………………………… 130
　　7.4　项目资产管理的风险管理 …………………………………………………… 131
　　7.5　本章重难点分析 ……………………………………………………………… 133
　　7.6　案例分析 ……………………………………………………………………… 134
　　复习思考题………………………………………………………………………… 136
参考文献……………………………………………………………………………… 137

第 1 章

建设项目全过程
工程咨询概述

本章学习目标

通过本章的学习,学生可以掌握建设项目全过程工程咨询概述、建设项目全过程工程咨询目标管理和控制、建设项目全过程工程咨询的基本思想、建设全过程工程咨询各参与方职责、建设项目全过程工程咨询服务的内容、建设项目全过程工程咨询服务的范围、建设项目全过程工程咨询的意义。

重点掌握:建设项目全过程工程咨询目标管理和控制、建设全过程工程咨询各参与方职责、建设项目全过程工程咨询服务的内容、建设项目全过程工程咨询服务的范围。

一般掌握:建设项目全过程工程咨询现状、建设项目全过程工程咨询的基本思想、建设项目全过程工程咨询的意义。

本章学习导航

学习导航如图1-1所示。

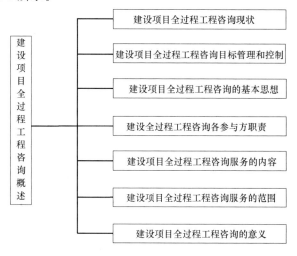

图1-1 本章学习导航

1.1 建设项目全过程工程咨询现状

2017年是建筑业改革的窗口期。"全过程工程咨询"作为改革的一大亮点,一时成为行业内企业的关注焦点和热议话题。

1. 改革背景

在2003年建设部发布的《关于培育发展工程总承包和工程项目管理企业的指导意见》(建市〔2003〕30号)以及2004年建设部发布的《关于印发〈建设工程项目管理试行办法〉的通知》(建市〔2004〕200号)中就已经提出了未来要走向工程总承包道路并提及开展对工程项目的组织实施进行全过程或若干阶段的管理和服务的思路。近年来,国家更是在大力推进全过程工程咨询服务方面动作频频。

2014年,《住房和城乡建设部关于推进建筑业发展和改革的若干意见》(建市〔2014〕

92号）中提到：推行工程造价全过程咨询服务，强化国有投资工程造价监管；2016年，江苏省住房和城乡建设厅发布《关于推进工程建设全过程项目管理咨询服务的指导意见》（苏建建管〔2016〕730号）：全面整合工程建设过程中所需的前期咨询、招标代理、造价咨询、工程监理及其他相关服务等咨询服务业务，引导建设单位将全过程的项目管理咨询服务委托给一家企业，为项目建设提供涵盖前期策划咨询、施工前准备、施工过程、竣工验收、运营保修等各阶段的全过程工程项目管理咨询服务。

2017年2月21日，《国务院办公厅关于促进建筑业持续健康发展的意见》（国办发〔2017〕19号）在完善工程建设组织模式中提出了培育全过程工程咨询，这也是在建筑工程的全产业链中首次明确了"全过程工程咨询"这一理念，政府投资工程将带头推行全过程工程咨询。原文描述"鼓励投资咨询、勘察、设计、监理、招标代理、造价等企业采取联合经营、并购重组等方式发展全过程工程咨询，培育一批具有国际水平的全过程工程咨询企业。制定全过程工程咨询服务技术标准和合同范本。政府投资工程应带头推行全过程工程咨询，鼓励非政府投资工程委托全过程工程咨询服务。在民用建筑项目中，充分发挥建筑师的主导作用，鼓励提供全过程工程咨询服务。"2017年5月2日，住房和城乡建设部发布了《关于开展全过程工程咨询试点工作的通知》（建市〔2017〕101号），选择北京、上海、江苏、浙江、福建、湖南、广东、四川8省（市）以及中国建筑设计院有限公司等40家企业开展为期两年的全过程工程咨询试点工作。试点工作要求：

（1）制定试点工作方案。试点地区住房和城乡建设主管部门、试点企业要加强组织领导，制定试点工作方案，明确任务目标，积极稳妥推进相关工作。

（2）创新管理机制。试点地区住房和城乡建设主管部门要研究全过程工程咨询管理制度，制定全过程工程咨询服务技术标准和合同范本等文件，创新开展全过程工程咨询试点。

（3）实现重点突破。试点地区住房和城乡建设主管部门、试点企业要坚持政府引导与市场选择相结合的原则，因地制宜，探索适用的试点模式，在有条件的房屋建筑和市政工程领域实现重点突破。

（4）确保项目落地。试点地区住房和城乡建设主管部门要引导政府投资工程带头参加全过程工程咨询试点，鼓励非政府投资工程积极参与全过程工程咨询试点。同时，切实抓好试点项目的工作推进，落地一批具有影响力、有示范作用的试点项目。

（5）实施分类推进。试点地区住房和城乡建设主管部门要引导大型勘察、设计、监理等企业积极发展全过程工程咨询服务，拓展业务范围。在民用建筑项目中充分发挥建筑师的主导作用，鼓励提供全过程工程咨询服务。

（6）提升企业能力。试点企业要积极延伸服务内容，提供高水平全过程技术性和管理性服务项目，提高全过程工程咨询服务能力和水平，积累全过程工程咨询服务经验，增强企业国际竞争力。

2. 行业动态

2017年5月26日，由住房和城乡建设部建筑市场监管司主办、中国勘察设计协会协办的全过程工程咨询试点企业座谈会在京召开。会议指出全过程工程咨询是市场的产物，国内部分有识之士已经采用该模式，在国外市场该模式已经成熟，并形成国际惯例。开展全过程工程咨询是符合市场发展趋势的，其基本思想是用内行做管理，达到提高效率、可靠性、准确率的目的。

会议指出此次开展全过程工程咨询符合当前阶段的各方背景。在国家层面，一是工程勘察设计企业在"一带一路"基础设施建设过程中起到很重要的作用。而要参与"一带一路"建设，其工程的规则、制度、组织实施方式等都应与国际上的通行做法进一步接轨。在此背景下，开展全过程工程咨询是适应国家要求与"一带一路"建设需要的。二是国家推行供给侧结构性改革，对行业来说，就是要提供高端、附加值高的服务，除了做好设计外，全过程工程咨询也是提升服务附加值的渠道，这符合供给侧改革需求。三是推行全过程工程咨询符合行业转型升级要求。

3. 当前存在问题及下一步工作建议

（1）存在问题

1）急需有关部门进一步明确全过程工程咨询的概念、内容和相关政策。

2）全过程设计管理、设计总包管理、项目管理、EPC总包管理等是否可以视作是全过程工程咨询在不同层面的体现。

3）目前各地区关于试点工作的开展政策不一。

4）不同主管部门关于资质、招标投标等的管理规定，目前并不支持设计院由始至终地从事项目全过程工程咨询，存在资质壁垒、招标壁垒等障碍。

（2）下一步工作建议

1）建议住房和城乡建设部及试点省市、试点企业所在省市的建设主管部门分别出台进一步的指导意见，为示范工作的推进创造良好外部环境和有力执行依据。

2）政府确定示范项目或积极寻找开明业主，是实现全过程工程咨询业务落地的重要方式。要顺利推行该模式，就需要有示范项目作为载体进行实践不断总结。

3）体系配套。建立全过程工程咨询总包和招标投标制度，制定服务组合合同、必要补充质量责任制度。

4）资源集成。客户对项目全过程集成化优质服务的需求，需要牵头单位提供多专业优质服务资源的集成能力，为客户提供一体化解决方案的总包服务，降低客户成本、规避各类风险，实现项目投资价值的最大化。既要求企业内部多专业的高效协同与价值创造，更需要行业优质资源高效组合集成与价值创造。国际通行的做法是优质专业化企业联合，高水平完成项目全过程服务。

5）做优做强。在企业层面，应紧密结合市场、客户需求不断发展的新需要，须符合并强化科学发展理念与导向。转变模式，提质增效。培育、拓展更长客户价值的企业专精业务，打造全过程工程咨询优质服务企业集团群，是实现上述发展愿景的基础。

6）改变当前招标惯例，是实现全过程工程咨询业务落地的重要前提。当前的招标惯例是各个行业实行分别招标，要推行该模式就需要将几个业务进行合并招标，这在当前执行中会有一定难度，可以采取过渡方式，通过逐个业务分别依次招标来迂回实现。此外，实际中投标人的资质种类不一定完备，建议作为全过程工程咨询试点企业的投标人只要具备相应能力，就不一定非要采取联合体的方式，而是由投标人根据与业主的合同约定，整合更好的业务专业资源，为业主提供综合性服务。

7）收费标准的确定是企业积极推行全过程工程咨询模式的有效保证。

8）建议在技术上积极与国际优秀企业和项目对标，积极应用BIM、大数据、Digital

Engineering、Intelligent Mobility 等新兴技术，提高项目管理效率，减少浪费，降低成本。

9）在项目管理方法上，建议通过实践逐步形成全过程工程咨询的指导性项目管理方法和程序，令业主、项目管理者及所有参与项目的咨询机构都非常清楚项目的程序、控制节点、沟通方式等，既提高了效率，也减少了风险。

10）示范企业通过实践创造项目价值，不断提升综合服务能力，是全过程工程咨询模式能持续推广的关键所在。示范工作一定要在推广的同时不断总结，从政策和实践层面加强规范和可操作性，真正体现该模式的价值和优越性。

1.2 建设项目全过程工程咨询目标管理和控制

承担建设项目全过程工程咨询业务的机构应按照合同要求，对合同中涉及的咨询服务内容实施全过程和全方位的管理与控制。全过程工程咨询单位应针对建设项目建立有效的内部组织管理和外部管理组织协调体系。

1. 投资目标的管理和控制

工程项目投资控制是指整个项目的实施阶段开展管理活动。项目投资费用是由项目合同界定的，因此应在满足项目的使用功能、质量要求和工期要求的前提下，阶段性检查费用的支出状况，控制费用支付不超过规定值，并严格审核设计的修改和工程的变更，实现项目实际投资不超过计划投资。项目管理者联盟事前控制主要进行风险预测，采取相应的防范措施。熟悉项目设计图纸与设计要求，分析项目价格构成因素，事前分析费用容易突破的环节，从而明确投资控制的重点。

事中控制定期检查和对照费用支付情况，定期或不定期对项目费用超支或节约情况做出分析，并提出改进方案，完善信息制度，掌握调价范围和幅度。

事后控制审核工程结算书，公正地处理索赔。

（1）受托人应根据合同约定的项目投资控制目标，建立相应的投资管理规划，完成工程投资管理目标。由于受托人原因造成项目投资目标不能实现，受托人承担违约责任。

（2）受托人在保证质量和进度的前提下，结合《全过程工程咨询服务实施规划》，编制投资控制计划，对可能发生的投资进行预测，通过合理措施实现对工程投资的有效控制。

（3）受托人负责编制年度、季度、月度资金使用计划，报送委托人审批。按照委托人对资金使用计划的审批意见，修正资金使用计划。根据委托人认可的资金使用计划，进行投资计划值与实际值的比较，控制项目投资。

（4）受托人负责在招标投标、合同谈判、合同拟订过程中，对建设资金的有关内容进行审核、分析，并进行有效控制。

（5）受托人负责审核其他参建方合同与建设资金有关的条款。

2. 进度目标的管理和控制

工程项目进度控制是指在实现建设项目总目标的过程中，为使工程建设的实际进度符合项目进度计划的要求，使项目按计划要求的时间动用而开展的有关监督管理活动。工程项目进度控制的总目标就是项目最终动用的计划时间，也就是工业项目负荷联动试车成功、民用项目交付使用的计划时间。由此可见，工程项目进度控制是对工程项目从策划与决策开始，经设计与施工，直至竣工验收交付使用为止的控制。

事前控制的主要内容是编制或审核项目实施总进度计划。审核项目的阶段性计划，制定或审核材料供应采购计划，寻找出进度控制点，确定完成日期。

事中控制主要是建立反映工程进度情况的日记，进行工程进度检查对比，对有关进度及时计量并进行签证，召开现场进度协调会等。

事后控制指当实际进度和计划发生差异时，必须及时制定对策。首先制定保证不突破总工期的对策措施，包括组织措施、技术措施、经济措施等。其次制定总工期突破后的补救措施，然后调整其他计划，建立新的计划，并按其实施。

（1）受托人应按照合同约定的进度目标，编制项目总体进度计划，报委托人审批，并以经委托人审批的总进度计划作为整个项目进度管理的依据，完成合同进度目标。

（2）受托人有权审核各其他参建方的进度计划，对进度计划进行分级管理，通过不断地检查、调整、预测，提出相应的控制措施，确保实现工期目标。

（3）在项目实施过程中，受托人应进行进度计划值与实际值的比较，及时向委托人汇报进度控制情况。

（4）由于委托人、不可抗力等原因，根据项目实施过程中的具体情况，由委托人批准的工期顺延，受托人有权就因工期延期对受托人造成的其他损失进行索赔。

（5）由于委托人、受托人及其他参建方原因，发生工期延误，受托人必须积极有效地进行进度控制。由于受托人原因造成的工期延误，受托人承担违约责任。

3. 质量目标的管理和控制

工程项目质量控制是指在力求实现工程建设项目总目标的过程中，为满足项目总体质量要求所开展的有关监督管理活动。其任务是通过建立健全有效的质量监督工作体系，认真贯彻检查各种规章制度的执行，随时检查质量目标与实际目标的一致性，来确保项目质量达到预期制定的标准和等级要求。在工程项目的目标控制当中，质量控制是主题，项目质量永远是考察和评价项目成功与否的首要方面。

事前控制首先掌握质量控制的技术标准和依据，制定保证质量的各种措施，对承揽项目任务的单位进行资质审查，对涉及项目质量的材料进行验收和控制，对设备进行预检控制，对有关的计划和方案进行审查。

事中控制首先对工艺质量进行控制，然后对工序交接、隐蔽工程检查、设计的变更审核、质量事故的处理、质量和技术签证等进行控制，对出现违反质量规定的事件、容易形成质量隐患的做法立即采取措施予以制止。建立实施质量日记、现场质量协调会、质量汇报会等制度以了解和掌握质量动态，及时处理质量问题。

事后控制通过项目的阶段验收和竣工验收、技术资料整理、文件档案的建立来实现。

（1）受托人按照合同约定的质量管理目标，建立相应的质量管理规划，并报送委托人认定。由于受托人原因造成质量管理目标不能实现，受托人应按照专用条件的约定承担违约责任。

（2）受托人应参加设计交底会议，分析、确定质量控制重点、难点；安排其他参建方负责工程实施过程中的质量控制工作。

（3）受托人在征得委托人认可后，有对工程上使用的材料的决定权；有权会同监理对施工质量进行检验；对不符合设计要求及国家质量标准的材料、构配件、设备有权通知监理单位组织更换；对不符合规范和质量标准的工序、分部分项工程和不安全的施工作业，有权通知监理单位组织整改、返工。

（4）受托人负责质量事故的调查；监理负责组织质量问题整改督促。

（5）受托人组织定期或不定期的质量检测会和分析会，分析、通报施工质量情况，协调有关单位间的施工活动以消除影响质量的各种外部干扰因素。

4. 安全、文明施工目标的管理和控制

（1）受托人应按照合同约定的项目安全、文明施工目标，编制安全、文明施工管理规划及安全应急预案，并报送委托人审核。由于受托人原因造成项目安全、文明施工目标不能实现，受托人应承担违约责任。

（2）受托人应根据项目施工安全目标的要求配置必要的施工安全管理人员，确保施工安全，保证目标实现。

（3）受托人应当督促其他参建方落实安全保证体系，不定期地协同委托人组织工地安全、文明施工检查，会同委托人、其他参建方处理工地各种纠纷。

5. 竣工验收的管理和控制

（1）委托人有权参与竣工验收，对受托人的工程竣工结算和财务决算进行监督，有权委托第三方对受托人的结算、付款及其他工程管理情况进行抽查和审计。

（2）委托人应在项目建成、竣工验收合格后，在规定时间内与受托人办理项目移交手续。

（3）该工程竣工结算后 28 个工作日内，如有履约保证金，委托人应退还受托人提交的全部履约保证金。

（4）受托人有权签认工程实际竣工日期，提前或超过施工合同规定的竣工期限。

（5）受托人会同委托人及时组织竣工验收，将验收合格的项目在规定时间内协助办理权属登记，并向委托人办理固定资产移交手续。

6. 突发事件的管理和控制

受托人在分析工程具体情况的基础上，编制各类突发事件及不可抗力事件的处理预案，积极应对建设过程中发生的各类突发事件及不可抗力事件，并及时通知委托人妥善处理。

7. 资金拨付的管理和控制

（1）受托人在合同签订后 14 天内，提交整个项目的资金使用计划。委托人结合项目具体情况于 7 日内对项目资金使用计划进行批复。受托人按照委托人批复，对资金使用计划进行修正，并于批复后 7 日内，递交符合委托人要求的资金使用计划。

（2）受托人于其他参建方提交付款凭证后 7 日内，对其进行审批，将审批结果递交委托人，由委托人审批后进行支付。

（3）受托人根据委托人的要求，配合审计部门完成对本项目的审计。

8. 变更与索赔的管理和控制

（1）受托人在委托人授权下，可以根据工程的实际进展情况，签发变更指令、评估变更。

（2）受托人不得在实施过程中利用洽商或者补签其他协议随意变更建设规模、建设标准、建设内容。超出初步设计批复范围的变更，由设计或施工承包商提出，经受托人与相关方协调后，由受托人报委托人核准。

（3）受托人在全过程工程咨询服务工作中提出的优化变更，使委托人节约了工程项目投资，委托人按专用条件中的约定给予经济奖励。

（4）合同双方有权就由于对方原因造成的损失提出索赔，如果该索赔要求未能成立，则索赔提出方应补偿由该索赔给他方造成的各项费用支出和损失。

1.3 建设项目全过程工程咨询的基本思想

全过程工程咨询就是依据市场需求，针对投资建设项目，为建设单位（包括个人）提供一体化、综合性、跨阶段的工程咨询服务。

1. 服务的客体

全过程工程咨询的服务客体为建设投资项目，属于固定资产投资的主要组成部分。

按照国家统计局解释，固定资产投资（不含农户）指城镇和农村各种登记注册类型的企业、事业、行政单位及城镇个体户进行的计划总投资500万元及以上的建设项目投资和房地产开发投资，包括原口径的城镇固定资产投资加上农村企事业组织项目投资，该口径自2011年起开始使用。

2. 项目类别

依据《国务院关于投资体制改革的决定》（国发〔2004〕20号）、《中共中央 国务院关于深化投融资体制改革的意见》（中发〔2016〕18号）、《企业投资项目核准和备案管理条例》（国务院令第673号）、《企业投资项目核准和备案管理办法》（发展改革委令第2号）、《中央预算内直接投资项目管理办法》（发展改革委令第7号）、《中央预算内投资补助和贴息项目管理办法》（发展改革委令第45号）以及《政府投资条例》（国务院令第712号）等相关政策法规，围绕建设单位性质及资金来源等，建设项目分类如表1-1所示。

建设项目分类 表1-1

项目类型		立项审批
政府投资项目	直接投资项目	审批
	资本金注入投资项目	核准或备案
企业投资项目	国有企业投资项目	核准或备案
	社会资金投资项目	核准或备案
	外商投资项目	核准或备案
PPP项目		审批、核准或备案及PPP审批
国外贷款项目		审批、核准或备案＋国外贷款审批
投资补助和贴息项目		审核、批准或备案＋各级预算内资金补助及贴息的审批

注：境外投资建设项目不论资金来源，采用相关的核准或备案审批。

3. 涉及领域

所有领域内的固定资产投资建设项目原则上均可开展全过程工程咨询，但是依据国家发展改革委、住房和城乡建设部联合印发的《关于推进全过程工程咨询服务发展的指导意见》（发改投资规〔2019〕515号）文件精神，目前主要在房屋建筑和市政基础设施领域推进全过程工程咨询服务。

4. 服务内容

依据《工程咨询行业管理办法》(发展改革委令第 9 号)及国家发展改革委、住房和城乡建设部联合印发的《关于推进全过程工程咨询服务发展的指导意见》(发改投资规〔2019〕515 号)等文件,结合行业理论与实践,全过程工程咨询服务的单项内容上,既包括专业咨询,也包括管理咨询,同时按照另一角度分类包括战略咨询、政策咨询、规划咨询、项目咨询及评估咨询等,按照投资决策、建设实施及运营运维三个阶段,单项咨询服务内容如下所列。

(1) 投资决策阶段(表 1-2)

投资决策阶段单项咨询服务内容　　　　　　　　　　表 1-2

基本类型	服务内容	服务类型
战略咨询	投资发展战略咨询	专业咨询
政策咨询	投资政策咨询	专业咨询
规划咨询	产业规划咨询	专业咨询
	园区规划咨询	专业咨询
	企业规划咨询	专业咨询
项目咨询	项目投资机会研究	专业咨询
	项目投融资策划	专业咨询
	项目建议书(预可行性研究)编制(匡算)	专业咨询
	项目可行性研究报告编制(估算)	专业咨询
	可行性研究勘察	专业咨询
	项目规划设计咨询	专业咨询
	项目申请报告编制	专业咨询
	资金申请报告的编制	专业咨询
	政府和社会资本合作(PPP)项目咨询	专业咨询
	专项评估或审批咨询(土地、规划、环评等)	专业咨询
	项目实施策划报告编制	专业咨询
	投资决策阶段项目管理(相关咨询服务单位管理、相关审批手续及证照办理等)	管理咨询
评估咨询	投资决策阶段项目相关各类评估咨询	

(2) 建设实施阶段(表 1-3)

(3) 运营运维阶段(表 1-4)

5. 服务类型(形式)

(1) 基本类型

建设实施阶段单项咨询服务内容　　　　　　　　　　　　　　　　　表 1-3

基本类型	服务内容	服务类型
项目咨询	工程勘察	专业咨询
	工程设计	专业咨询
	招标采购咨询	专业咨询
	全过程造价咨询（也可只包括阶段性造价咨询，如清单和控制价编制）	专业咨询
	工程监理 BIM 咨询	专业咨询
	绿色建筑咨询	专业咨询
	其他专项或专业咨询	专业咨询
	项目建设手续报批报建管理	管理咨询
	合约管理	管理咨询
	项目参建各方的总体组织协调管理	管理咨询
	工程勘察管理	管理咨询
	工程设计管理	管理咨询
	投资成本管理	管理咨询
	工期进度管理	管理咨询
	招标采购管理	管理咨询
	质量管理	管理咨询
	安全生产管理	管理咨询
	绿色节能环保管理	管理咨询
	信息资料管理	管理咨询
	风险评估和管理	管理咨询
	竣工及验收移交和保修管理	管理咨询
	结算决算管理	管理咨询
	工程后评价管理	管理咨询
	业主方管理范畴的其他约定事项	管理咨询
评估咨询	建设实施阶段项目相关各类管理与专业评估咨询	专业咨询

运营运维阶段单项咨询服务内容　　　　　　　　　　　　　　　　　表 1-4

基本类型	服务内容	服务类型
项目咨询	项目的技术效果评价	专业咨询
	财务和经济效益分析	专业咨询
	环境影响后评价	专业咨询
	项目社会影响评价	专业咨询
	项目的管理效果和成功度评价	专业咨询
	项目可持续性评价	专业咨询

服务形式基本类型如表 1-5 所示。

服务形式基本类型　　　　　　　　　　　　　　表 1-5

基本类型	具体分析
特定专业领域的全过程咨询	如工程造价、设计优化等特定专业跨越项目周期不同阶段的咨询业务类型组合
项目周期特定阶段的跨专业咨询	如投资决策阶段的各类专业咨询服务组合，工程建设阶段不同专业咨询服务类型组合，项目运营阶段不同专业咨询服务类型组合
跨专业领域全生命周期集成咨询服务	工程全产业链整体价值最大化(目标全程导向、信息统一性、高效率)
	咨询机构内外部资源整合与协调(核心竞争力+优势互补，责任+专业性)

（2）分析与建议

实际服务类型（形式）还要按照以下原则实施：

1）立足市场需求

简单说就是要了解市场上一体化、综合化、跨阶段的工程咨询服务需求都是什么以及未来会有哪些趋势。

2）立足项目管理模式

针对具体投资建设尤其是针对项目，不管选择单一工程咨询服务，还是选择一体化、综合化、跨阶段的工程咨询服务，从本质上看，都是建设投资人相应的相关管理模式的选择，是为了项目能够以科学、高效、经济的方式实现目标，达到投资建设相关效益的实现。

3）立足全过程的工程咨询与其他工程咨询服务模式的区别

首先，需要梳理已有的工程咨询服务模式，并与全过程工程咨询进行对比，确定全过程工程咨询模式的边界。

其次，要思考是否所有的一体化、综合化、跨阶段的工程咨询服务都可以纳入全过程工程咨询的范畴中。

最后，还应该结合国家相关文件的思路与内容进行梳理、比较研究及从理论体系框架的角度对存在问题进行理解、整合、优化及创新等。

1.4　建设全过程工程咨询各参与方职责

1. 全过程工程咨询各参与方相关责任

全过程工程咨询是国家宏观政策的价值导向，更是行业发展不可阻挡的趋势。全过程工程咨询覆盖面广、涉及专业多、管理界面宽，对提供服务的企业专业资质和综合能力提出较高要求。

目前，中国开始试行推广全过程工程咨询，其处于发展初期，后续的发展状况取决于中央政府、地方政府、试点省（市）主管部门及行业组织，设计、勘察、监理和造价等企业，相关学术和业内专家以及项目建设和发起单位能否正确和高质量地履行各自职责。

表 1-6 列出了各参与方应履行的职责。

各参与方履行的职责　　　　　　　表 1-6

各参与方	履行职责
相关政府的责任的实施是其他各方履责的前提	全过程工程咨询项目招标投标的合法问题、资质限制问题等需要政府制定和引导企业建立全过程工程咨询总包制度、招标投标制度、质量责任制度等
	住房和城乡建设部及试点省市、试点企业所在省市的建设主管部门分别出台进一步的指导意见,为示范工作的推进创造良好的外部环境和有力的执行依据
	政府确定示范项目或积极寻找开明业主,是实现全过程工程咨询业务落地的重要方式。要顺利推行该模式,就需要有示范项目作为载体进行实践并不断总结
	收费标准的确定是企业积极推行全过程工程咨询模式的有效保证和关键
全过程工程咨询相关企业的履责是各方履职的出发点和落脚点	在项目管理方法上,通过实践逐步形成全过程工程咨询的指导性项目管理方法和程序,让所有参与项目的机构都非常清楚项目的程序、控制节点、沟通方式等,既可提高效率,也可减少风险
	通过实践创造项目价值,不断提升综合服务能力,这是全过程工程咨询模式能持续推广的关键所在
	在技术上积极与国际优秀企业和项目对标,与国际接轨。积极应用 BIM、大数据、数字工程、智能化等新技术,提高项目管理效率,减少浪费,降低成本。特别是与国际工程咨询公司的交流、学习,培养具有国际竞争力的全过程工程咨询企业,提高中国全过程工程咨询的服务能力和水平
	积极与战略伙伴、互补企业和其他相关企业开展联合、整合或者合并,这是供给侧改革的要求,也是企业快速提升全过程工程咨询的关键环节
全过程工程咨询需要业内专家和学者的积极参与	明确全过程工程咨询的概念、内容,解释相关政策
	整合咨询、勘察、设计、监理、招标代理、造价等企业,采取联合经营、并购重组等方式,为发展全过程工程咨询提供可操作的方案或建议,与一批具有国际水平的全过程工程咨询企业合作,制定全过程工程咨询服务技术标准和合同范本
	全过程工程咨询是高端服务,对参与人员要求较高。要求咨询师具备较高的职业道德和相关服务水准,对知识、经验、信息、技能、方法等都有要求
	研究全过程工程咨询价值产生的机制,该模式是市场的产物,必定有其市场价值,搞清这一问题,便于向业主宣传,有利于相关业务的开展
全过程工程咨询业主方要响应住房和城乡建设部、地方建设主管相关部门号召	积极尝试将投资咨询、勘察、设计、监理、招标代理、造价等业务一并发包给符合条件的企业实施

2. 各参建方如何推进全过程工程咨询

（1）政府推进措施

全过程工程咨询作为咨询行业变革的重大举措,政府给予了大力倡导和支持。政府除了从政策上予以鼓励和规范外,还需在各级政府主管部门加强事中事后监管下做好平台化服务管理。一方面,鼓励政府投资项目率先试行全过程工程咨询,对其实施效果及项目效益发挥进行综合评价,并根据试行情况进一步厘清全过程工程咨询定义和范围,调整相关咨询及项目管理的政府管理程序及办法;另一方面,坚持"放管服"政策,在宏观层面上做好顶层设计,消除资质、地方及审批手续等壁垒,针对全过程工程咨询出台相关技术与收费指导性标准、税收优惠等措施，在提高政府办事效率的同时，也促进全过程工程咨询的有序发展。

（2）工程咨询行业协会

首先，工程咨询行业协会应根据相关政策导向，组织专家对全过程工程咨询政策正确解读，并鼓励各相关工程咨询企业开展相关课题研究；其次，积极宣传全过程工程咨询优秀案例和先进做法，促进各咨询机构的交流，形成行业服务标准，并逐步与国际相关工程咨询协会接轨，最终形成国家通行咨询服务规程。第三，工程咨询行业协会应维护行业内的公平竞争，避免出现全过程工程咨询的不正当竞争现象。

（3）建设单位

市场是全过程工程咨询行业能否持续健康发展的决定性因素。全过程工程咨询模式起到的效果将是建设单位是否愿意持续选择的唯一条件，而不是靠政策强制来推动。诚然，在全过程工程咨询中，建设单位的作用不是选择后就放手不管，而是应积极支持和配合咨询单位的工作，特别是在提前组织使用单位、运维单位或上级单位（领导）与咨询单位之间的沟通方面，促进全过程工程咨询的效率发挥。

（4）各类工程咨询（包括勘察设计）机构

各类工程咨询机构应充分认识到国家推广全过程工程咨询带来的挑战和机遇，根据企业的基本现状和发展定位，积极探索全过程工程咨询发展转型之路，以适应政策与市场需求，为此也需要人才储备、技术升级、组织变革和管理创新。在人才储备方面，应注重对高层次人才、特色专业急需人才、技术骨干、青年精英的引进，并重点培养基于全生命周期咨询发展为目的的人才队伍，倡导团队配合与创新精神。在技术升级方面，机构应及时将高科技手段融入项目管理、工程咨询和专业技术发展中，尤其是信息化技术、BIM技术、数字化工程技术和人工智能的融合应用，通过技术创新来提升咨询质量，并获得市场认可。在组织变革方面，机构应转变传统思维模式，走在政策与市场发展前面，进一步整合企业资源，发动企业全体成员参与咨询业务流程的简化、调整与再造，并适当联合外部资源，或并购相关咨询机构，以达到适应全过程工程咨询需求和企业发展战略的目的。在管理创新方面，企业应以顾客导向为重点，加强运营管理、知识库管理、动态绩效管理、责任体系管理的创新，并针对全过程工程咨询内涵与特点创建项目管理办公室（PMO）的主导机制。采用项目经理负责制或建筑师负责制与菜单式管理，强调咨询全过程的可控性，提供精准化的全过程工程咨询服务。需要指出的是，全过程工程咨询只是工程建设咨询的一种新兴模式，在今后发展中将与其他咨询业务共存，多样化的咨询服务也是工程咨询行业市场健康发展的动力，如果咨询机构能够坚持走专业化的道路，深耕细作，做出特色特长，未必不是一条很有发展前途的道路。只有适合自己企业的发展道路，才是正确的道路。

1.5 建设项目全过程工程咨询服务的内容

实务界（特别是监理行业）曾在一段时间有一种观点，监理业务往前延伸（为业主方做一些报批报建手续的工作），或其他业务再往后延伸，就是所谓的"项目管理"，甚至"全过程项目管理"，更有甚者称之为"全过程工程咨询"。笔者始终对此持否定的观点。全过程工程咨询服务，绝对不是几项服务内容的简单叠加。即使同一家咨询企业分别承担了同一个项目"投资咨询、勘察、设计、监理、招标代理、造价等"中的几个业务甚至全部业务，能称之为实践了"全过程工程咨询"吗？如果只是按照传统的管理方法和工作方式承担了这些业务，也不能称之为提供了"全过程工程咨询"服务。笔者的观点是，全过程工程咨询，必须是对传统意义上的相对独立的单项的业务进行跨组织的变革和集成，运用信息化管理平台进行管理流程再造后，提供高效的多业务整合的跨阶段的咨询服务。即"全过程工程咨询＝组织管理＋专项服务"，可用一张形象的图来进一步表示（图1-2）。

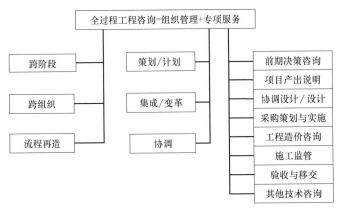

图1-2　全过程工程咨询具体体现

全过程工程咨询具体体现在"组织管理＋专项服务"，这里的组织管理，除了通常的组织与管理之外，更包含了策划/计划、集成/变革、协调的功能。首先，策划不仅是项目本身的策划，还包括了组织策划、管理策划、实施策划，以及项目的总体建设计划；其次，集成是将原先分散的组织和管理进行变革，打破专业组织的局限，通过信息化的工具集成为一个有机的整体，并高效地运转；再次，协调不仅是内部的协调，更是涉及所有相关利益者（包括政府和公众）的外部协调。另外，在全过程工程咨询中一般会强调建筑师的主导作用，即"建筑师负责制"。在民用建筑项目中，建筑师主导的全过程工程咨询能够体现全生命周期咨询的价值，但前提是该建筑师必须是该咨询项目实际上的建筑设计负责人，而不是另行安排一个有"建筑师执业（职业）资格"的非本项目的建筑师，这应该是"建筑师负责制"的本义，也是全过程工程咨询组织管理内涵的体现。专项服务的内涵，涉及了投资项目从投资意向到项目建成投入使用的所有专业服务全过程工程咨询服务，除了常规的工程技术方面的"硬咨询"服务以外，也应该包括和重视与工程相关的法律法务咨询、财务和税务咨询、投资和融资等方面的"软咨询"服务。

1. 全过程工程咨询服务的定义

全过程工程咨询，是指对建设项目全生命周期提供组织、管理、经济和技术等各有关方面的工程咨询服务，包括项目的全过程工程咨询以及投资、勘察、设计、造价、招标代理、监理、运行维护以及BIM咨询等专业咨询服务。全过程工程咨询服务可采用多种组织方式，由投资人授权一家单位负责或牵头，为项目决策至运营持续提供局部或整体解决方案以及管理服务。

2. 全过程工程咨询服务的单位

全过程工程咨询单位，是指建设项目全过程工程咨询的提供方。全过程工程咨询单位应具有国家现行法律规定的与工程规模和委托工作内容相适应的勘察、设计、监理、造价咨询等资质,可以是独立咨询单位或(总分包性质的)联合体。由多家工程咨询企业联合实施全过程工程咨询的,应明确牵头单位,并明确各单位的权利、义务和责任。

3. 全过程工程咨询服务的委托

建设单位应将全过程工程咨询中的前期研究、规划和设计等工程设计类服务,以及工程监理、造价咨询等工程项目控制和管理类服务,委托给一家工程咨询企业或由多家企业组成的联合体或合作体。建设单位在项目筹划阶段选择具有相应工程勘察、设计或监理资质的企业开展全过程工程咨询服务,可不再另行委托勘察、设计或监理。同一项目的工程咨询企业不得与工程总承包企业、施工企业具有利益关系。

4. 提供全过程工程咨询服务企业的能力要求

提供全过程工程咨询服务的企业应当具有相应的组织、管理、经济、技术和法规等咨询服务能力,同时具有良好的信誉、相应的组织机构、健全的工程咨询服务管理体系和风险控制能力。全过程工程咨询服务企业承担勘察、设计或监理咨询服务时应当具有与工程规模及委托内容相适应的资质条件。

5. 全过程工程咨询项目负责人及相关执业人员的基本要求

全过程工程咨询项目负责人应取得工程建设类注册执业资格或具有工程类、工程经济类高级职称,并具有类似工程经验。承担全过程工程咨询服务中勘察、设计或监理工作的人员应具有现行法规规定的相应执业资格。

6. 对"全过程"的理解

由于实施阶段主要包含设计和施工两个阶段,我们将"决策、实施、运维"3个阶段拆分为"决策、设计、施工和运维"4个阶段。那么,包含这4个阶段的哪几个阶段才能称之为"全过程"?目前,相关文件没有给出答案。当前认为同时包含两个及两个以上阶段工程咨询服务即可认为是一个相对全过程的工程服务,或称之为"相对全过程"工程咨询,只有一个阶段的工程咨询服务称之为阶段性工程咨询服务,具体如图1-3所示。

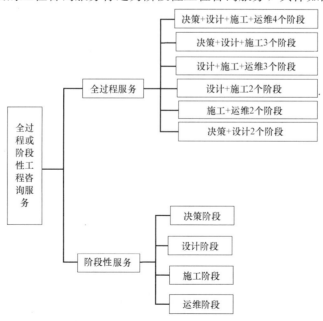

图1-3 全过程或阶段性工程咨询服务

1.6 建设项目全过程工程咨询服务的范围

1. 项目决策阶段

项目决策阶段咨询单位是随着国家对于可行性研究列入基本建设程序而产生的，主要承担的是国家基本建设的前期策划、投资决策等任务，包括了需求分析与评估、投资决策、项目团队组建及沟通方式、建立项目目标、可行性研究、编制财务计划、选址、方案设计、编写项目实施计划、确定采购发包策略等。无论是项目的收益还是造价，项目策划阶段都对其有着十分重要的影响，所以可以说在进行全过程工程咨询时项目策划阶段应该是最主要的阶段，需要做好项目可行性研究工作。

2. 初步设计阶段

初步设计阶段工程设计是建设项目进行全面规划和具体描述实施意图的过程，是工程建设的灵魂，是科学技术转化为生产力的细节，是处理技术与经济关系的关键性环节，是确定与控制工程造价的重点阶段。设计是否经济合理，对控制工程造价具有十分重要的意义。这一阶段的工作通过咨询工程师与设计单位的联络、沟通、跟踪，保证项目的策划意图和主旨在规划和设计各阶段得到完整贯彻和表现。设计阶段是全过程造价控制的重点，一个项目的设计优劣对于工程造价的影响高达70%，对于项目的建设工期，工程造价、质量、使用功能起着决定性的作用。施工图设计一旦完成，承建商进入施工阶段，再进行较大幅度的节省投资已是不可能的事了。同时，要求各专业设计在保证达到使用功能和业主要求的前提下，按分配的投资限额控制设计，严格控制技术设计和施工图设计不合理变更，保证总投资限额不被突破。限额设计需要按照批准的可行性研究报告及投资估算控制初步设计，按照批准的初步设计概算投资控制技术设计和施工图设计，按照批准的基本预备费控制施工阶段的设计变更。由此可见，限额设计不仅是设计人员的事，与业主、造价工程师的关系也极为密切。同时限额设计也应贯穿于工程项目建设的整个过程，业主提出有关经济方面的设计修正方案，最终达到优化设计、控制工程造价的目的。

3. 项目招标阶段

项目招标阶段工程咨询机构在深刻把握项目宗旨，充分领会设计意图的基础上，编制工程标底、工程量清单；编制招标公告书、招标文件、资格预审文件；确定评标、定标原则及办法，对投标报价中单项报价进行科学的比较分析，全面控制工程质量并降低工程造价，有利于规范价格行为，使建设工程投资更加趋于合理；通过公平、公开、公正的方式，择优选择技术能力强、管理水平高、信誉可靠且报价合理的承建单位，协助业主签订工程承发包合同，避免合同条款制定不严密，事后发生经济纠纷事件。

4. 项目施工阶段

在项目施工阶段，工程咨询机构的主要职责是控制项目的质量、进度和成本。咨询企业可以通过监理了解项目施工阶段的有效信息。咨询机构根据全过程咨询合同、设计文件和国家有关法律法规对工程实行监督管理。由于工程建设周期长，涉及的经济关系和法律关系复杂，受自然条件和客观因素的影响大，项目的实际情况与招标投标时的实际情况相比会产生一些变化，因此准确进行工程量计算、严格控制工程变更、强化工程签证管理、及时处理工程索赔、认真按合同要求时间节点支付工程进度款是工程咨询机构在施工阶段管理的主要工作，也是在这个阶段节约投资的主要途径。工程咨询机构在这个阶段要建立健全投资控制系统，完善职责分工及有关制度，落实责任。在熟悉设计图纸、设计要求、标底计算书等工作基础上，明确工程费用最易突破的部分和环节，明确投资控制重点。预测工程风险及可能发生索赔的诱因，制定防范性对策，避免或减少索赔事件的发生。按合同规定的条件和要求监督各项事前准备工作，避免发生索赔条件。在施工过程中，及时答复施工单位提出的问题及配合要求，主动协调好各方面的关系，避免造成索赔条件成立。对工程变更、设计修改要严格把关，更有利于进行技术经济合理性分析。对投资进行动态控制，定期或不定期地进行工程费用分析，并提出控制工程费用的方案和措施。

5. 项目竣工验收阶段

项目竣工验收阶段是建设项目建设全过程的最后一个程序，是全面考核建设工作，检查设计、工程质量是否符合要求，审查投资使用是否合理的重要环节，是投资成果转入生产或使用的标志。工程咨询机构在这个阶段要核对竣工工程内容是否符合合同条件要求，工程是否竣工验收合格，合同中约定的结算方法、计价依据、标准、主材价格和优惠与承诺条件等。由于工程咨询机构全过程地跟踪了项目，对项目过程中发生的变更以及客观环境的变化等因素已经比较熟悉，因此在竣工验收阶段，工程咨询机构的结算、评估等工作更容易做到合理、公平、公正，也更容易得到项目各方的认可，使得项目尽快完成，投入使用。

1.7 建设项目全过程工程咨询的意义

全过程工程咨询涉及建设工程全生命周期内的策划咨询、前期可行性研究报告、工程设计、招标代理、造价咨询、工程监理、施工前期准备、施工过程管理、竣工验收及运营保修等各个阶段的管理服务。

建设单位（或投资方，下同）根据工程项目特点和自身需求，将项目建议书、可行性研究报告编制、项目实施总体策划、报批报建管理、合约管理、勘察管理、规划及设计优化、工程监理、招标代理、造价控制、验收移交、配合审计等全部或部分业务一并委托给一个全过程工程咨询企业。全过程工程咨询企业可以根据建设单位授权，在相应的工程文件中代表建设单位签章。

在传统建设模式下，设计、施工、监理等单位分别负责不同环节和不同专业的工作，项目管理的阶段性、专业分工割裂了建设工程的内在联系。由于缺少全产业链的整体把控，易出现信息流断裂和信息"孤岛"，使业主难以得到完整的建筑产品和服务。

与传统模式相比，全过程工程咨询的优势主要体现在节约投资成本、加快工期进度、提高服务质量、有效规避风险四个方面，具体如表1-7所示。

全过程工程咨询的优势　　　　　　　　　　　　　　表1-7

优势	具体体现
节约投资成本	全过程工程咨询采用单次招标方式，可使合同成本大大低于传统模式下设计、造价、监理等分别多次发包的合同成本
	由于咨询服务覆盖了工程建设的全过程，有利于整合各阶段工作内容，实现全过程投资控制，还能通过限额设计、优化设计和精细化管理等措施提高投资收益，确保项目投资目标的实现

续表

优势	具体体现
加快工期进度	全过程工程咨询可大幅度减少业主日常管理工作和人力资源投入,有效减少信息漏洞,优化管理界面
	不同于传统模式下冗长繁多的招标次数和期限,全过程工程咨询可有效优化项目组织、简化合同关系,有利于解决设计、造价、招标、监理等相关单位之间存在的责任分离等问题,加快建设进度
提高服务质量	全过程工程咨询有助于促进设计、施工、监理等不同环节、不同专业的无缝衔接,提前规避和弥补传统单一服务模式下易出现的管理漏洞和缺陷,提高建筑的质量和品质
	全过程工程咨询模式还有利于调动企业的主动性、积极性和创造性,促进新技术、新工艺、新方法的推广和应用
有效规避风险	在全过程工程咨询中,咨询企业是项目管理的主要责任方,在全过程管理过程中,能通过强化管控有效预防生产安全事故的发生,大大降低建设单位的责任风险
	避免与多重管理伴生的腐败风险,有利于规范建筑市场秩序、减少违法违规行为

复习思考题

1. 简述投资目标如何管理和控制。
2. 简述质量目标如何管理和控制。
3. 各参建单位如何推进全过程工程咨询?
4. 如何理解"全过程"的含义?
5. 简述建设项目全过程工程咨询的意义。

第 2 章

建设项目全过程工程咨询的风险管理

本章学习目标

通过本章的学习，学生可以了解建设项目全过程工程咨询的风险管理的七个方面，对建设项目全过程工程咨询的风险管理有一定的认识。

重点掌握：建设项目全过程工程咨询风险的识别、建设项目全过程工程咨询风险的类型、建设项目全过程工程咨询风险管理、建设项目全过程工程咨询风险的处理措施。

一般掌握：建设项目全过程工程咨询风险管理导论、建设项目全过程工程咨询的风险因素。

本章学习导航

学习导航如图 2-1 所示。

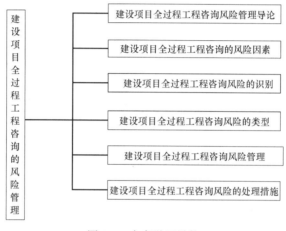

图 2-1 本章学习导航

2.1 建设项目全过程工程咨询风险管理导论

1. 建设工程项目风险管理研究的意义

项目管理自 20 世纪 30 年代在美国出现后，得到了很大的发展。而项目风险管理是项目管理的一个重要的科学管理方法分支，它起源于第一次世界大战中战败的德国。20 世纪 50 年代以后受到了欧美各国普遍重视和广泛应用，自 20 世纪 80 年代以来，随着全球经济一体化以及高新科技的快速发展，项目风险管理的研究逐步走向系统化、专业化的方向，特别在工程领域、金融领域引起了高度的重视。我国由于长时间受到计划经济的影响，工程建设项目的投资是以国家为主，企业也以国有单位为主体，一旦出现问题，风险主要由国家承担，与企业的直接利益关系不大。因而，企业的工程风险管理意识极为淡薄。改革开放以来，我国的工程项目投资来源呈现多元化，企业的所有制结构也发生了极大的变化，工程风险管理越来越引起政府有关部门和企业的重视。目前，随着市场竞争的加剧，施工项目管理从粗放型管理向精细化管理转变已经成为共识，而促成管理转变的根本原因在于建筑行业已逐步成为微利行业。如果一个行业获取的利润很低，这个行业中的企业不能仅依靠规模来寻求发展，除了加强内部管理外，还需做好风险管理及转移工作。

随着现代工业和现代科学技术的迅速发展，无论是发达国家还是发展中国家都投入了大量的资金进行基本建设，诸如我国有三峡工程、2008奥运场馆建设工程、机场建设工程等。这些工程具有建设规模大、参与主体众多、组织关系复杂、建设周期漫长、经历环节繁多等特点，而且还易受不可抗因素和意外事故影响，因此工程建设项目具有风险大、风险不确定等特性。建设项目法人负责制的推广深入和国际管理接轨，项目招标投标制度、项目业主责任制度和风险投资机制的逐步推行，以及国际保险市场的局限性和我国保险市场发展的相对滞后，都要求我国各经济单位加强自身的风险管理。因此，建设工程项目风险管理的研究和推广对促进我国经济稳定、持续、快速发展以及保证工程项目成功实施具有重大的现实意义，具体如表2-1所示。

工程项目风险管理的意义　　　　　　　　　　　　　　　　表2-1

意　义	具体表现
能够促进项目的实施更科学化、合理化，降低决策的风险水平	工程项目风险管理是利用一套系统的科学方法，对项目中不同阶段的各种风险进行管理和有效地处置，从而减少或消除各种风险
能够为企业经营者提供安全的工作环境	项目风险管理的过程就是为处置项目风险提供各种措施的过程，所以，为经营者全身心地投入各种项目活动创造了良好环境，从而保证项目顺利进行
能够保障经营目标顺利地实现	项目风险管理的开展，将企业面临的各种风险损失减少或降至最低程度，并能在损失发生后得到合理的补偿，从而保证项目经营者获得稳定的、合理的、不断增长的盈利，保证项目目标的实现
能够提高项目管理的经营效益	项目风险管理是以一种最小成本投入而获得最大安全和保障的管理方法，这主要是它将有关处置的各种风险费用合理地分摊到各个过程中，减少了风险损失，从而促进了项目管理者经营效益的提高

2. 建设工程项目风险管理的概述

（1）风险的概念

风险就是一种不确定性，它与损失密切相关。从本质上讲，工程风险就是指在工程项目中所发生的损失的不确定性。通常工程项目都具有一次性、周期长、固定性、投资大等特点，一旦出现风险，其造成的损失将是非常巨大的，因此，必须对工程风险加强管理，及早防范。

（2）建设工程项目风险的概念

建设工程项目风险是指所有影响该项目目标实现的不确定性因素的总和。任何一项工程，其项目立项及各种分析、研究、设计、计划都是基于对未知因素，包括政治、经济、社会、自然各方面预测之上的，基于正常的和理想的技术、管理、组织之上的。而在项目实施及运行过程中，这些因素都有可能发生变化。这些变化使原定的计划、方案受到干扰，甚至可能使原定的目标不能实现。对工程项目这些事先不能确定的内部和外部的干扰因素，我们称之为工程项目风险。这些风险会造成工程项目实施的失控，如工期延长、成本增加、计划修改等，最终导致工程经济效益降低，甚至项目失败。现代工程项目规模的不断扩大、使用技术新颖、持续时间长、参加单位多、环境接口复杂，更使得工程项目在实施的过程中危机四伏。任何一个项目，它都具有风险因素的存在性、风险事件发生的不确定性和风险后果的严重性3个基本要素。

(3) 建设工程项目风险管理的概念

所谓风险管理是识别、度量项目风险，制定、选择和管理风险处理方案的过程。风险是一个动态的、循环的、系统的、完整的过程。建设工程项目风险管理具有同样的特征。

建设工程项目风险管理是一种综合性的管理活动，其理论和实践涉及自然科学、社会科学、工程技术、系统科学、管理科学等多种学科。项目的风险来源、风险的形成过程、风险潜在的破坏机制、风险的影响范围以及风险的破坏力错综复杂，单一的管理技术或单一的工程技术、财务、组织、教育和程序措施等都有局限性，都不能完全奏效。必须综合运用多种方法、手段和措施，才能以最小的成本将各种不利后果降至最低程度。

建设工程项目风险管理贯穿于一个工程项目从拟定规划、工程设计、工程施工至建成投产的全部过程。目前工程建设的复杂程度也远远超过以往，因而不可避免地工程项目会面临一系列风险。另外，由于我国建筑市场发展不完善，市场主体行为不规范，工程质量事故和施工伤亡事故等时有发生，工程风险因素大大增加。如果不采取有效的防范措施，一旦发生危险，将会造成巨大的经济损失和严重的人员伤亡，不但会威胁到工程的顺利进行，甚至有可能导致工程彻底失败。

(4) 工程项目风险的特点

工程项目风险的特点和具体表现如表2-2所示。

工程项目风险的特点 表2-2

特　　点	具体表现
风险存在的客观性和普遍性	作为损失发生的不确定性，风险是不以人们的意志为转移并超越意识的客观实在，而且在项目的全寿命周期内，风险是无处不在、无时不有的。这就说明为什么虽然人类一直希望认识和控制风险，但直到现在也只能在有限的空间和时间内改变风险存在和发生的条件，降低其发生的频率，减少损失程度，而不能也不可能完全消除风险
某一具体风险发生的偶然性和大量风险发生的必然性	任一具体风险的发生都是诸多风险因素和其他因素共同作用的结果，是一种随机现象。个别风险事故的发生是偶然的、杂乱无章的，但对大量风险事故资料的观察和统计分析，发现其呈现出明显的运动规律，这就是说人们有可能用概率统计方法及其他现代风险分析方法去计算风险发生的概率和损失程度，这也导致风险管理的迅猛发展
风险的可变性	这是指在项目的整个过程中，各种风险在质和量的变化。随着项目的进行，有些风险会得到控制，有些风险会发生并得到处理，同时在项目的每一阶段都可能产生新的风险。尤其是在大型项目中，由于风险因素众多，风险的可变性更加明显
风险的多样性和多层次性	大型项目周期长、规模大、涉及范围广、风险因素数量多且种类繁杂，致使大型项目在全寿命周期内面临的风险多种多样，而且大量风险因素之间的内在关系错综复杂、各风险因素与外界因素交叉影响又使风险显示出多层次性，这是大型项目中风险的主要特点之一

2.2 建设项目全过程工程咨询的风险因素

1. 风险的含义

在现实生活中,风险无处不在。目前在国内外相关文献中,各专业领域的学者从不同的角度和侧重点对风险进行研究。但是他们对于风险的认识都是基于自己的专业领域,对于风险的确切定义尚未形成一个适用于各个专业领域的统一的认识。表 2-3 为目前较为流行的几种风险学说。

风险学说　　　　　　　　　　　　　　　　　表 2-3

学说名称		内容描述
风险客观说	损失可能性	强调风险发生的可能性,并用概率表达其可能性的大小,概率越大,风险发生的可能性越大。德国学者斯塔德勒认为风险是"影响给付或意外事故发生的可能性"
	损失不确定性	强调风险产生损失的不确定性,也用概率来描述,概率越大,不确定性增加,风险越大。英国学者弗兰根认为具有不确定性结果的各类活动,都可以将风险的概念运用到其中
	损失差异性	强调风险造成的结果之间的差异,差异值大,风险越大。美国威廉姆斯和汉斯认为风险是在特定的情况和时间内,预期结果与实际结果之间的差异
风险主观说		强调风险的不确定性与个人的知识水平、实践经验和心理素质等主观因素有关,不同的人面对相同的事物,其判断结果也会有所差异
风险因素结合说		是风险主观说和客观说的交叉综合,该学说认为风险的不确定性具有主观性,概率具有客观性,并提出将风险和风险因素结合起来,以风险因素的概率描述风险的不确定性

综上所述,风险是客观存在的和与行为决策有关的。在特定时间内,由外界环境条件的变化和决策的不确定性,某一事件可能产生的结果与预期目标发生偏离,具体是指风险事件及其造成的损失的不确定性。风险可以用函数公式(2-1)表示。

$$U=f(P,C) \tag{2-1}$$

式中　U——风险;

　　　P——风险发生的概率;

　　　C——风险后果的严重程度。

因此,风险的构成要素包括风险事件、风险因素和风险损失。风险事件,也称为风险事故,是风险因素综合作用的结果,使得潜在的威胁变成了现实,是造成损失的直接原因。风险因素是指能引发或增加风险事件发生概率或影响风险结果的因素,是风险事件发生的潜在原因。风险损失是指风险事故发生的实际结果与预期结果之间的差异,一般可用货币单位来衡量其经济损失。

2. 建设工程项目风险

(1) 建设工程项目风险的含义

建设工程项目是指在一定的建设时期内,利用有限的资源,按照一定的程序,完成满足质量要求的一次性任务。因此,建设工程项目投资大、建设周期长、工程规模大、施工技术复杂且参与建设的单位众多,其风险是普遍存在的。

建设工程项目风险是指项目实际结果与预期目标有偏差,导致相关当事人及项目的质量、投资和工期等遭受损失的情况。其中,引起和产生风险事件的原因称为工程风险源。按照工程风险源的来源分类,可将建设工程项目风险分为自然风险和人为风险。目前,在建设工程项目的全过程中,项目风险大多数是人为风险。例如,承包商、设计人员、监理工程师等工作态度不认真,合作关系不融洽等,都会影响项目的实际工程进展情况。无论是人为风险还是自然风险,它们都会对建设工程项目产生影响,风险发生的概率越高,风险对工程项目的影响程度就越大,项目损失越大。

(2) 建设工程项目风险的成因

建设工程项目风险的成因主要包括人们对客观事物认识的局限性、片面性和信息的滞后性。

1) 对客观事物认识的局限性、片面性

随着科学技术的不断发展进步,人们认识事物的能力和水平也在不断提高。但是,任何事物都有其内在的属性,人们通过收集该事物的数据或信息并进行分析和处理,完成对事物属性的描述,从而预测事物未来的发展或变化。但是人们对客观事物的认识在深度和广度上都有局限性,导致对于事物的分析和描述也有局限性。建设工程项目是客观事物的集合体,建设周期长、工程规模大、施工技术复杂且参与建设的单位众多,因此人们对建设工程项目的认识也不可避免地存在局限性,这直接导致人们对于工程项目建设环境缺乏客观的认识,这是建设工程项目风险发生的重要原因。例如,在对工程地基进行施工时,勘测单位往往只对局部区域进行岩土勘探,将其数据作为整个项目的地基设计的依据,从而可能使整个项目面临巨大的风险。

2) 信息的滞后性

人们依据收集到的数据或信息对事物进行统计分析和处理,而这些数据或信息是在事物发生或形成后才能获得,而且对数据的收集整理需要持续一段时间,从而导致信息滞后。尤其对于建设工程项目而言,工程规模大、施工技术复杂、施工环境复杂多变,信息的收集整理工作繁重复杂,信息的滞后性表现得更加明显。

(3) 建设工程项目风险的特点

建设工程项目规模庞大、技术复杂,项目风险也具有独有的特征,如表2-4所示。

建设工程项目风险的特点　　　　表2-4

特点	具 体 表 现
不确定性	不确定性是风险最本质的特征,风险是各种不确定因素共同作用的结果。在建设工程项目中,风险是客观存在的不确定性事件,而且在工程项目建设过程中,风险的性质及后果都可能会发生变化
客观性和普遍性	建设工程项目的风险是客观并普遍存在的,不以人的意志为转移,因此风险无法被彻底消除,人们只能认识并利用风险。但是由于认识事物的局限性和信息的滞后性,人们只能在一定程度上,在特定的时间内,采取适当的管理和控制措施改变风险发生的条件,降低风险发生的概率,减少损失,而不能完全将风险消除
规律性和可测性	建设工程项目风险虽然具有不确定性,但这并不代表人们对建设工程项目风险束手无策。建设工程项目环境的变化具有一定的规律性,所以可以通过收集整理以往类似的建设工程项目资料,对其建设过程各个阶段存在的风险事件进行统计分析,对风险发生的概率及对项目目标的影响程度等做出评估

续表

特点	具 体 表 现
多样性	建设工程项目的风险并不是单一风险,而是政治风险、社会风险、经济风险等多种风险因素并存
全面性	建设工程项目风险存在于项目全生命周期中,从项目立项至产品交付使用,每个阶段都存在着风险。例如,在建设前期,目标设计中构思的错误、可行性研究中方案选择的错误、调查的不完全、市场分析失误等,都会给建设工程项目带来潜在风险

2.3 建设项目全过程工程咨询风险的识别

随着全球社会经济的发展,工程项目不断呈现出新的特点,工程量巨大,技术难度不断加大,投融资方式改变,市场竞争激烈等都给工程项目的实施带来很大的风险。风险管理自其产生之日起就不断地发展进步,在科学技术的发展和各国风险管理协会的推动下,风险管理理论日趋成熟,风险管理方法不断涌现。但是目前风险管理理论和方法主要是企业经营过程中的风险管理。工程项目实施过程中的风险管理主要是在项目管理中加入一部分风险控制。工程项目具有投资资金大,建设周期长,建设的不可逆转等特点,在工程项目实施的过程中一旦发生风险,造成的损失是非常巨大的。因此研究工程项目风险管理具有重要的意义。而风险识别是风险管理的首要任务和重要方面。

1. 工程项目风险识别

风险识别是风险管理的首要步骤,是指通过一定的方式,系统而全面地识别出影响工程目标实现的风险事件并加以适当归类的过程,必要时,还需对风险事件的后果做出定性的估计。在风险的识别过程中应遵循以下原则:

(1) 由粗及细、由细及粗。由粗及细是指对风险因素进行全面分析,并通过多种途径对工程进行分解,逐渐细化,以获得对工程风险的广泛认识,从而得到工程初始风险清单。而由细及粗是指从工程初始风险清单的众多风险中,确定那些对工程建设目标实现有较大影响的工程风险,作为主要风险,即作为风险评价以及风险对策决策的主要对象。

(2) 严格界定风险内涵并考虑风险因素之间的相关性。

(3) 先怀疑,后排除。不要轻易否定或排除某些风险,要通过认真地分析进行确认或排除。

(4) 排除与确认并重。对于肯定不能排除但又不能肯定予以确认的风险按确认考虑。

(5) 必要时,可做试验论证,如抗震试验、风洞试验等。

2. 工程项目风险识别的依据

(1) 项目策划

包括项目目标、范围、费用计划、资源计划、采购计划、进度计划、业主方和承包商等各方对项目的期望值等。

(2) 工程项目风险管理计划

它明确了项目组织及成员风险管理的行动方案、规划和设计项目风险管理的过程,指导组织选择风险管理的方法。

(3) 历史资料

包括以前做过的类似工程的系统文件记录、计划或工作分解、进度计划、专家判断、假象分析等资料，分析这些资料有助于获取对本项目有借鉴作用的风险信息。

2.4 建设项目全过程工程咨询风险的类型

一般的风险类型包括管理风险、组织风险、市场风险、技术风险、质量风险和法律法规变更等。掌握各种风险类型的特征规律，是进行风险识别的基本前提。项目可行性研究报告、设计等计划和规划性文件是在一定的假设条件下完成的。

1. 工程项目风险类型识别的评估

(1) 定性风险分析

定性风险分析包括为了采取进一步行动，对已识别的风险进行优先排序的方法。项目的组织可通过关注高优先级风险来有效改善项目绩效。定性风险分析是指通过考虑风险发生的概率，风险发生后对项目目标的影响和其他因素，对已识别风险的优先级进行评估。

定性风险分析通常是为风险应对规划过程确立优先级的一种经济、有效和快捷的方法，并未定量分析风险。在项目生命周期内应该对定性风险进行重新审查，以确保其反映项目风险的实时变化。定性风险分析过程需要使用风险管理规划过程和风险识别过程的成果。定性风险分析过程完成后，可进入定量风险分析过程或进入风险应对规划过程。定性风险分析的主要方法包括：

1) 风险概率与影响评估；
2) 概率和影响矩阵；
3) 风险数据质量评估；
4) 风险分类；
5) 风险紧迫性评估。

(2) 定量风险分析

定量风险分析是指对定性风险分析过程中对项目需求存在潜在重大影响而排序在先的风险进行分析。定量风险分析过程是对这些风险事件的影响进行分析，并就风险分配一个数值。定量风险分析是在不确定情况下进行决策的一种量化方法。定量风险分析一般在定性风险分析之后进行，但是，经验丰富的风险经理一般在风险识别过程之后直接进行定量风险分析。在有些情况下，可能不需要进行定量风险分析就可以制定出有效的风险应对措施。在一个具体项目中，究竟采取哪一种方法或者同时采用两种方法，将取决于可用的时间与预算以及风险及其后果的定性或定量描述的需要。定量分析的方法主要有：数据收集和技术访谈。

1) 技术访谈用于对风险概率及其对项目目标产生的后果进行量化。所需的信息取决于采用的概率分布类型。例如，有些常用分布，要求收集乐观（低）、悲观（高）与最可能发生的情况的相关资料，而其他一些分布，则要收集平均值与标准差的资料。

2) 概率分布。连续概率分布代表数值的不确定性，例如，进度活动的持续时间或项目组件的费用等。而不连续分布可用于表示不确定时间，如测试的结果或决策树的某种可能选项等。

3）专家判断。项目外部或内部的专项课题专家，如工程或统计专家，可对数据和技术进行验证。

(3) 定量风险分析和模型技术

通用的定量风险分析技术包括：

1）敏感性分析

敏感性分析有助于确定哪些风险对项目具有最大的潜在影响。它把所有其他不确定因素保持在基准值的条件下，考察项目每项要素的不确定性对目标产生多大程度的影响。敏感性分析最常用的表示方式是龙卷风图。

2）预期货币价值分析。

3）决策树分析。

4）模型和模拟。

2. 建设工程项目风险识别的意义

建设工程项目风险识别是项目风险管理的基础，没有风险识别的项目管理是十分盲目和毫无意义的。只有理论联系实际地进行建设工程项目风险识别，才能使项目管理者的注意力集中到具体的项目风险上来，才能将具体的项目风险因素带给项目的危害分析出来。所以建设工程项目风险识别的意义包括：

(1) 为项目管理者今后的管理工作提供强有力的第一手资料。有利于项目管理成员树立项目管理成功的信心。

(2) 有利于确定项目的工作量和分析获得利润的厚薄。

(3) 是系统理论在建设工程项目管理中的具体表现。

(4) 为项目管理者提供全面必要的信息，是建设工程项目控制的重要的基础性工作。

3. 建设工程项目风险识别的特点

(1) 建设工程项目风险管理不仅是项目经理或项目管理部个别人员的事情，而是项目管理部全体人员参与并共同完成的任务。由于项目管理部的每一个成员的工作经历、工程经验及自身素质都具有差异性，项目管理过程存在着风险。所以，建设工程项目风险管理具有全员性。

(2) 建设工程项目在整个生命周期内都具有风险，所以，它具有系统性。

(3) 建设工程项目具有一次性的特点，但项目风险识别却不是一次性的。随着建设工程项目的内部条件、外部环境、项目范围的变化，项目风险识别也要随时进行。所以，建设工程项目风险管理具有动态性。

(4) 建设工程项目风险识别需要进行许多的基础性工作，其中最主要的是收集建设工程项目的相关信息资料，资料收集的成果直接决定项目风险识别工作的质量、结果、可靠性和准确性。所以，建设工程项目风险识别具有信息性。

(5) 建设工程项目风险识别具有较强的综合性，这主要取决于全体人员参与，以及综合运用各种风险识别技术和工具。

4. 建设工程项目风险识别的方法

(1) 文件审查

对项目文件，包括计划、假设、先前的项目文档和其他信息进行系统和结构性的审查。项目计划质量、所有计划之间的一致性及其项目需求和假设条件的符合程度，均可表现为项目中的风险指示器。

（2）信息收集技术

风险识别中所采用的信息收集技术主要包括：

1）头脑风暴法；

2）德尔菲技术；

3）访谈；

4）根本原因识别；

5）优势、劣势、机会与威胁分析（SWOT）；

6）态度分析。

（3）核对表分析

风险识别所用的核对表可根据历史资料、以往类似项目所积累的知识以及其他信息来源着手制定。风险分解结构的最底层可用作风险核对表。使用核对表的优点之一是可使风险识别过程迅速便捷，而其缺点之一是所制定的核对表不可能包含全部内容，应该注意探讨标准核对表上未列出的事项。在项目收尾过程中，应对风险核对表进行审查、改进，以供将来项目使用。

（4）假设分析

每个项目都是根据一套假定、设想或者假设进行构思与制定的。假设分析是检验假设有效性，即假设是否成立的一种技术。它辨认不精确、不一致、不完整的假设对项目所造成的风险。

（5）图解技术

图解技术就是根据因果图、系统流程图以及影响图进行关系识别，其成果一般载入风险登记册中，包括已识别的风险清单、风险根本原因及风险类别更新等。

2.5 建设项目全过程工程咨询风险管理

1. 项目风险的本质

项目风险的本质由风险因素、风险事故和损失构成。风险因素，是指能增加或产生损失频率和损失幅度的条件，它是事故发生的潜在原因，是造成损失的内在原因或间接原因。风险因素的存在，在满足一定条件时将引起风险事故。风险事故，是指能造成生命和财产损失的偶发事件，它是造成损失的直接原因或外在原因，是损失的媒介质，即风险只有通过风险事故的发生，才能导致损失；风险事故是风险损失从可能性转化为现实的媒介。损失则是一种非故意的、非预期的、非计划的经济价值的减少。工程风险的实质是由于工程风险因素的存在，引发风险事故，最终导致损失。

2. 项目风险管理计划

举行规划会议制定风险管理计划。参会者可包括项目经理、项目团队成员和利害关系者、执行管理规划和实施活动人员，以及其他参加人员。在会议期间，将确定风险管理活动的基本计划，确定风险费用因素和所需的计划活动，并分别将其纳入项目预算和进度计划中，同时对风险管理工作进行定义与调整。风险管理计划描述如何安排与实施项目风险管理，它是项目管理计划的丛书计划。风险管理计划一般包括的内容如表 2-5 所示。

风险管理计划的内容 表 2-5

内容	具体表现
方法论	确定实施项目风险管理可使用的方法、工具及数据来源
岗位与职责	确定风险管理计划中每项活动的领导、职员和风险管理团队的成员组成。为这些岗位分配人员并澄清其职责
预算	在资源分配的基础上,估算风险管理所需费用,并将其纳入项目费用基准
时间安排	确定在项目整个生命期中实施风险管理过程的次数和频率,并确定应纳入项目进度计划的风险管理活动
风险分类	风险分类是确保系统、持续、详细和一致的风险识别的综合过程,并为保证风险识别的效率和质量提供了一个框架
风险概率和影响的定义	为确保风险分析过程的质量和可信度,要求界定不同层次的风险概率和影响。在风险规划过程,通用的风险概率水平和影响水平的界定将依据个别项目的具体情况进行调整,以便在定性风险分析过程中应用
概率和影响矩阵	根据风险可能对实现项目目标产生的潜在影响,对风险进行优先排序。风险优先排序的典型方法是借用对照表或概率和影响矩阵。通常由组织界定哪些风险概率和影响组合具有较高、中等和较低的程度,以此确定相应的风险应对规划
利害关系者承受度	根据具体项目情况,在风险管理规划过程中制定利害关系者的承受度
汇报格式	确定风险登记册的内容和格式,以及所需的其他风险报告。确定如何对风险管理过程的成果进行记录、分析和沟通
跟踪	说明如何记录风险活动的各个方面,以便供当前项目使用,或满足未来的需求和总结经验教训的需要。并说明是否对风险管理过程进行审计及如何审计

2.6 建设项目全过程工程咨询风险的处理措施

1. 项目风险响应的含义

风险响应是指对项目目标增加实现机会、减少失败威胁所制定的方案,决定应采取对策的过程。风险应对过程在定性风险分析和定量风险分析之后进行,包括确认与指派相关个人或多人对已得到认可并有资金支持的风险应对措施担负起职责。风险应对过程根据风险的优先顺序处理风险,在需要时,将在预算、进度计划和项目管理计划中加入资源活动。

2. 建设工程项目风险的应对措施

风险控制是指在风险识别和风险评估的基础上采取各种措施,以减少风险、避免事故发生,对于已经承包的工程项目进行风险控制的目的,就是最大限度地减少风险、避免事故发生,最终减少或避免财产损失和人员伤亡。

(1) 工程风险回避

风险回避是指承包商设法远离、躲避可能发生风险的行为和环境,从而避免风险发生。也可以说就是拒绝承担风险,这是控制风险较常用的方法。风险回避最简单的例子就是拒绝签订合同,但通常风险回避更多的是针对那些可以回避的特殊风险而言。在建设工程项目中,与风险回避最相关的例子就是使用免责条款,通过使用这一条款以回避某些风险或风险所引起的后果。在回避风险的具体做法中还有两种情况：一种是承担小风险而躲避大风险，即为回避某种风险需要以承担另外的风险为代价。另一种是损失一定的较小的利益而避免风险。通常是在特定的情况下，才采用这种做法，因为利益可以计算，但风险损失则是较难估计的。比如：采购生产要素时，常选择信誉好、实力强的分包商，虽然价格略高于市场的平均价格，但是分包商违约的风险就减小了。

(2) 工程风险降低

所谓风险降低，就是通过一些方法比如由大家共同分担，来降低所面临的风险。总承包商通过在分包合同中另加入误期损害赔偿条款来降低其所面临的误期损害赔偿风险。一般风险降低措施可以分为 4 类：①通过教育和培训来提高雇员对潜在风险的警觉性。②采取一些降低风险损失的保护措施。③通过建立使项目实施过程前后保证一致的系统，以及鼓励人们多用"如果……会……"之类的问题。④通过对人员和财产提供保护措施。对建筑物来说，一个典型的风险降低的例子就是在建筑物内安装喷淋系统。相关法规中也许并没有规定建筑物内必须安装喷淋系统，但是业主为降低火灾可能造成的损失而自愿安装了该系统。

(3) 工程风险转移

风险转移是指在承包商不能回避风险的情况下，将自身面临的风险转移给其他主体来承担，但转移风险并不是转嫁损失，有些承包商可能无法控制的风险因素，在其他主体那里却可以得到控制。转移风险并不一定会减少风险的危害程度，它只是将风险转移给另一方来承担。在某些情况下，转移风险可能会造成风险显著增加，这是因为接受风险的一方可能没有清楚地意识到他们所面临的风险。最普遍的风险转移方式是购买保险。购买保险是一种非常有效的转移风险的手段，通过保险可以将自身面临的风险很大程度上转移给保险公司，让它们来承担风险，以将不确定性转化为一个确定的费用。

在建筑业中，保险的投保费用变得越来越高昂。对于建设工程项目，没有任何缺陷的建筑是无法保证的，它很有可能在项目完成后很久才会被发现。这种在建筑完工时或合同规定的缺陷责任期内无法发现的某些潜在的缺陷正是建筑业的一大特点。目前对于发现潜在缺陷后的处理安排无法很好地满足业主、承包商或设计者的利益。对于业主来说，存在一种风险，即必须通过法律程序证明缺陷及其造成的损失是由其他方违反合同、忽略或忽视而引起的，以此来弥补业主的诉讼费和修复费等。但同时也有些业主可能因缺乏足够的资金而无法提出诉讼。对于承包商和设计者来说，他们在项目完工后的许多年中仍然存在着对业主索赔所需承担的潜在的责任。而且，多方关系中的连带责任，将可能导致工程各方中的一方或多方，不得不承担赔偿中的不合理比例。因此这也是风险转移在日后需要完善的方面。

还有一种方法就是将风险转移给分包商。工程风险中很大一部分可以通过分散给若干分包商和生产要素供应商来处理。比如对待业主拖欠工程款的风险，可以在分包合同中规定在业主支付给总承包商后，在若干日内向分包商方支付工程款。承包商在项目中投入的资源越少越好，这样一旦遇到风险还可以进退自如，不至于无法抽身。在具体的工程、项目上可以通过租赁或指令分包商自带设备等措施来减少资金、设备的沉淀。

（4）工程风险自留

工程风险自留又称风险接受，是一种由项目主体自行承担风险后果的风险应对策略。这种策略意味着工程项目主体不改变项目计划去应对某一风险，或项目主体不能找到其他适当的风险应对策略，而采取的一种应对风险的方式。某些风险虽然可以通过保险或非保险等方式处理，但出于经济性和可行性的考虑，将风险自留。采用风险自留措施时，一般需要准备一笔费用，一旦风险发生，这笔费用可用于损失补偿，如果损失不发生，则这笔费用即可节余。那些造成损失小、重复性较高的风险是最适合自留的。因为不是所有的风险都可以转移，或者说，将这些风险都转移是不经济的，因此对于这些风险就不得不自留。除此之外，在某些情况下，自留一部分风险也是合理的。通常承包商自留风险都是经过认真分析和慎重考虑之后才决定的，因为对于微不足道的风险损失，自留比转移更为有利。

风险自留的目的是防止损失或减少损失。所有防止和减少损失的措施都需要一定的费用支出，但若采取某些措施，可以用较少的费用就取得更好的效果。

1）损失发生前的措施：在此阶段消除或减小损失发生的可能性。
2）损失可能发生时的措施：在损失发生时有必要的技术组织措施以减少其损失。
3）损失发生后的措施：一旦发生了风险应采取各种措施将损失降至最低。

复习思考题

1. 简述对项目风险管理的理解。
2. 简述建设项目全过程工程咨询的风险因素及识别方法。
3. 建设项目全过程工程咨询风险的类型有哪些？请简要概述。
4. 简要概述全过程工程咨询风险管理的流程。
5. 如何应对建设项目全过程工程咨询风险？

第 3 章

建设项目决策阶段咨询控制与风险防范

本章学习目标

通过本章学习，学生可以掌握建设项目决策阶段咨询控制与风险防范的各项内容，以及熟练掌握其流程。

重点掌握：编制项目建议书的风险管理、项目可行性研究的风险管理、项目投资估算编制的风险管理。

一般掌握：项目前期策划设计及准备工作管理、项目前期策划管理、建设用地及工程规划许可证办理、项目前期规划咨询与评估服务管理。

本章学习导航

学习导航如图3-1所示。

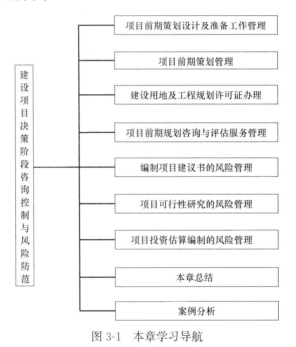

图3-1　本章学习导航

3.1　项目前期策划设计及准备工作管理

项目决策阶段直接决定了项目的建设规模、建设方案、建设标准以及其他配套的建设规划等，必须要重视项目决策阶段的管理。项目决策阶段需要对整个项目的实施总过程进行决策，包括决策阶段、设计阶段、招标投标阶段、施工阶段、动用前准备阶段以及使用和保修阶段，只有将所有的施工阶段均纳入决策中，才能保障项目的正常运行。在项目决策阶段，主要的工作便是对整个项目进行研究后编写项目建议书，接着分析项目建议书是否具备可行性，当项目建议书上的内容均具备可行性之后再批准立项，进行项目的施工。可以说，项目决策阶段的内容为：项目建议书编制、可行性研究以及批准立项。

建设工程项目管理的目标，是通过对整个项目合理的管理，保质保量地完成工程建设，而项目管理前期准备工作直接影响整个项目管理活动，如果没有完善合规的准备工作，工程项目很难实现其预期目标。在项目管理工作中，人们更关注的是施工中的具体项目管理活动，而对前期的准备工作重视度不足。

1. 建设项目全过程策划的分类

建设项目全过程策划的分类如表 3-1 所示。

建设项目全过程策划的分类　　　　　　　　　　　　　　　表 3-1

划分标准	具 体 分 类
项目建设先后程序	建设初期的工程项目构思策划；施工前或施工开始后的工程项目分项实施策划
项目策划的范围	工程项目总体策划；工程项目局部策划

2. 建设工程项目前期构思策划应考虑的因素

建设工程项目前期构思策划应考虑以下因素：

（1）投资者的情况、投资者和项目的关系、投资功能及价值；

（2）项目的市场前景及开发潜力；

（3）建设环境和辅助配套条件；

（4）项目建设和运营成本及资源约束；

（5）项目、外部系统，以及各单项、单位工程相互关系的约束；

（6）项目建设和运营涉及的技术及工艺先进性和难度；

（7）投资安排及投资回收、资金的筹措及调配计划；

（8）预期经济效益水平；

（9）项目的投资风险及化解方法；

（10）项目的实施及其全生命过程的管理；

（11）投资背景、用途、意义、建设规模、建设水准、项目方向和目标；

（12）运营后在社会经济发展中的地位、作用和影响力，社会、经济、环境的整体效益。

3. 工程项目的实施策划

（1）工程项目实施策划的基本概念

工程项目实施策划是指在项目建设实施前或实施期间，为使项目建设所涉及的各个方面在具体实施中具有现实的可操作性而提出的带有策略性和指导性的设想。

（2）工程项目实施策划的种类

工程项目实施策划分为：

1）工程项目组织策划；

2）工程项目融资策划；

3）工程管理策划；

4）工程项目控制策划。

（3）工程项目实施策划的基本原则

工程项目实施策划应遵循的基本原则包括：

1）利益主导原则；

2) 客观现实原则；

3) 整体策划原则；

4) 科学策划原则；

5) 切实可行原则；

6) 慎重筹划原则；

7) 灵活机动原则；

8) 群体策划原则；

9) 出奇制胜原则；

10) 时机效果。

4. 工程项目的投资策划

(1) 工程项目投资策划的基本概念

工程项目投资策划是指通过对项目环境的综合考察和市场调研分析，以项目为核心，针对当前的经济环境进行调研分析，再结合项目进行 SWOT 分析，在此基础上，对项目进行系统准确的市场定位和项目价值发现分析，然后根据基本资料，对某项目进行定价模拟和投入产出分析，就规避开发风险进行策略提示，并提出专业意见。

(2) 工程项目投资策划遵循的原则

工程项目投资策划遵循的原则包括：

1) 分阶段决策原则；

2) 科学决策原则；

3) 民主决策原则；

4) 系统决策原则；

5) 合理决策原则；

6) 反馈原则。

3.2 项目前期策划管理

1. 项目前期策划概况

(1) 前期策划的含义

工程项目的前期策划，就是根据相关的政策，结合市场变化，立足项目实际情况，有科学、有依据地设计综合性工作计划，明确每个阶段的工作内容与流程，并根据实际情况落实。这一工作环节的重要性不言而喻，直接体现在项目施工管理效果上。因此，在工程项目管理中，应从多方面入手，做好前期策划工作，为后续管理工作开展提供支撑，以此推动工程管理工作顺利进行。

(2) 项目前期策划包含内容

通过分析，项目前期策划主要涵盖 4 个方面的内容，具体如表 3-2 所示。

2. 工程项目前期策划实施应注意的问题

(1) 注重内容策划

工程项目管理控制中，需要对前期策划内容进行分析与研究，结合市场动态、参与单位实际情况，制定科学的工作计划与内容，并落实到项目管理工作中，以此保证各项工作

项目前期策划包含内容　　　　　　　　表 3-2

内　容	具 体 表 现
组织架构的确定	项目前期策划中组织架构包括各个单位的构成，承担的责任、权利等信息，这是工程项目管理的前提。通过对参与工程项目单位综合情况的分析，构建完整的工程架构，明确各个部门的责任与工作流程，以此保证后续工作人员的配合，保证管理质量
项目管理目标分解	项目前期策划中，需要根据实际情况制定综合大目标，然后根据各个部门的职责，将大目标分解，将分解的小目标布置给不同的部门，通过化整为零的方式，完成工程项目管理
项目合同分解	在工程项目管理中，涉及的合同类型比较丰富，若是将合同集中在一起管理，则需要耗费较多的人力与物力，无形中会增加管理成本。通过合同分解，可以将管理控制目标分解，由多个不同部门、单位分组管理，以此保证管理质量与效率，提升工程项目管理控制质量
工作内容分解	施工管理、验收结算、总控计划、沟通程序建设等都是前期策划的工作内容。实际工作中，加强对各个部门工作职能的分析，并将与部门职能对应的工作内容布置下去，通过各个部门、单位的合作，实现高质量、高水平管理控制

顺利开展。对项目内容进行策划时，需要从以下几点入手：

1）掌握与工程项目相关的内容

了解工程特点、周期、合同、条款等信息，围绕此制定工作计划，为后续高质量工作开展打下基础。

2）对经营方法与工作计划进行分解

选择项目经营方法，采用分包、总包的方式将工程分解。

3）组织机构与人员的策划

项目策划中，做好人力资源分配工作，明确管理流程，保证各个部门的工作职能与内容的落实，以此推动项目管理控制的进行。

4）施工方案与技术的策划

根据工程特点、施工要求等制定工作方案和采用的技术，借此推动工作开展。

5）质量安全的策划

该工作内容十分重要，是保证工程项目质量的关键。若质量安全策划工作未到位，将会影响整体项目管理质量，无法保证工程施工效果。因此在策划的过程中，需要对工程质量与安全进行综合管理，明确安全与质量监督管理机构的责任，并要求相关人士落实策划内容。

（2）做好组织管理工作

工程项目是一个长期而系统的工作，需要投入大量的人员、技术与资金支持，以此保证管理控制效果。在前期策划中，需要对参与工程项目的组织进行全面分析，保证组织管理者与相关负责人全部参与其中，适当地提出建议或者其他工作想法。通过多个负责人的参与，听取不同的前期策划意见，根据实际情况整合运用，以此保证策划工作的实施。

（3）职责划分工作

工程项目策划中，每个岗位的职能不同，所负责的工作也就不同。实际工作中，需要将参与工程项目的组织进行职能划分，确定哪个组织负责财务、哪个机构负责技术、哪个机构负责管理等。例如，工程项目的领导队伍，主要负责项目经营模式的策划，负责审核、确定项目策划报告；而工程技术部，则需要对工程组织措施与技术进行优化与创新，结合工程项目，制定施工技术与施工方案，并落实在管理工作中，以此提高各个工作效果。

3. 工程项目前期策划工作的实施步骤

（1）明确项目经营管理目标

若想发挥工程项目前期策划工作的作用，需要制定明确的经营管理目标，围绕此开展一系列策划工作，保证项目管理控制工作顺利实施。经营效益目标、安全质量管理目标、工期目标等，都需要提前制定，通过多方位、全方面地分析与研究，制定具有可行性、可操作性的综合经营目标。此外，还应该确定项目经营管理模式，组织项目领导队伍进行研究，分析哪种经营管理模式更适合当前工程项目要求。就目前来讲，自营型为主、自营型为辅这两种经营管理模式是比较常用的模式，也是当前管理效果比较理想的方式。

（2）确定组织机构，建立管理制度

组织机构的建立，是保证各个部门工作顺利进行的前提。当确定经营管理模式后，则应根据该模式制定组织机构，明确每个部门管理人员的职能与责任，并将管理任务分配下去，做好人力资源管理工作与岗位分配。确定各个组织机构人员职责后，制定管理制度与经营核算体系，借此规范管理流程，达到推动项目工程经济发展的目的。科学的管理制度与体系，能够及时解决工程施工中存在的问题，提升管理质量。确定各个组织机构职能后，需要制定总的管理制度，并要求各个组织机构建立针对性的管理制度，如绩效管理制度、责任制度、安全管理制度等，要求工作人员落实，以此提高工作质量。这样一来，不仅可以提升前期策划工作质量，同时能够为后续提供便利，避免后续工作中可能出现的问题，影响工程管理控制效果。

（3）加强资金管理，保证工程管理质量

资金管理是工程项目管理控制的重点，也是影响工程能否顺利开展的核心因素。在工程项目未开始前，需要对收入与成本进行预算，根据合同中标注的总价、合同中规定的奖励等进行核算，以此保证支出与收入预算的准确性。此外，还应该加强项目资金流的策划，对现场管理费用、施工费用等进行分析，明确项目资金流，制定融资计划，避免在施工管理中出现资金不足、影响工程进度的问题。对资金的管理，不仅可保证管理控制质量，同时可以提升管理效率，推动项目工程顺利实施。

（4）策划风险规避方案，提升管理控制质量

在工程项目前期策划中，风险规避方案的制定，可以保证工程项目在固定的时间内高质量地完成，避免因为资金不足、安全、质量等因素而出现工程延期或其他方面的问题。在策划工作中，需要对与工程项目相似的工程进行分析，了解以往工程中可能会出现的风险，并根据实际情况制定解决风险的措施。通过风险管理，可以预防可能出现的风险，保证工作质量。例如，在工程项目施工中，会因为市场材料价格的变化，影响资金成本的支出。面对这一普遍性问题，应该做好资金风险计划，针对可能出现的资金风险进行策划，制定解决资金问题的策略，提前做好准备工作。

（5）分析以往项目成果

工程项目前期策划工作中，需要对预期成本的盈利情况进行全面分析，将成本管理内容与合同内容进行对比，然后运用科学的手段分析每一环节工作的盈亏，并找出影响项目实施与盈利的因素，制定科学计划，对此进行完善与创新。对以往项目成果的分析，能够帮助项目负责人及时发现工程前期策划工作中的问题，解决工作中的不足，有利于管理控制。

3.3　建设用地及工程规划许可证办理

1. 审批事项实施机构

各市规划和国土资源管理委员会（市海洋局）及各管理局。

2. 政府投资建设项目

政府投资建设项目办理条件：

（1）房建类工程

1）以划拨和协议方式提供土地使用权的：

①取得发展改革部门的项目首次前期经费下达文件或资金申请批复；

②取得建设项目选址意见书和用地预审意见或土地使用权出让合同。

2）以招标、拍卖、挂牌方式提供土地使用权的：

已签订土地使用权出让合同。

（2）市政类工程

1）已取得有关部门的批准、备案文件；

2）完成建设工程方案设计；

3）取得建设项目选址意见书和用地预审意见或土地使用权出让合同。

（3）建设项目涉及地质灾害、文物保护、环境保护、机场、气象、危险品、轨道交通等事项的，由规划国土部门征求意见；若上述事项涉及国家级或省级主管部门，由市级主管部门向其上级主管部门征求意见并反馈给规划国土部门。

申请材料包括：

1）市规划和国土资源管理委员会行政审批事项业务申请表；

2）选址意见书或用地预审意见或规划设计要点或土地使用权出让合同（系统共享）；

3）项目首次前期经费下达文件（系统共享）；

4）规划设计方案或总平面示意图；

5）有相应资质的设计单位出具的方案设计文件（市政类线性工程需提供）；

6）设计单位工程设计资质证书、资格证明文件（市政类线性工程需提供）。

3. 社会投资建设项目

社会投资建设项目办理条件：

（1）以划拨和协议方式提供土地使用权的房建类工程，取得该市社会投资项目备案证、建设项目选址意见书、用地预审意见或土地使用权出让合同。

（2）属于市政类线性工程的：

1）已取得该市社会投资项目备案证；

2）完成建设工程方案设计；
3）已取得建设用地批准文件（包括市、区政府批准的用地方案、用地合同或用地规划许可）。

申请材料包括：
（1）市规划和国土资源管理委员会行政审批事项业务申请表；
（2）建设项目选址意见书或土地使用权出让合同（系统共享）；
（3）市社会投资项目备案证（系统共享）；
（4）建设项目涉及地质灾害、文物保护、环境保护、机场、气象、危险品、轨道交通等事项的，按照法律法规应取得相关主管部门的书面审查意见或提供相关报告；
（5）规划设计方案或总平面示意图；
（6）有相应资质的设计单位出具的方案设计文件（市政类线性工程需提供）；
（7）设计单位工程设计资质证书、资格证明文件（市政类线性工程需提供）。

4. 申办程序
（1）建设单位在每个工作日持有关材料到规划局窗口（以下简称窗口）申报。
（2）窗口工作人员在核收申报材料时，如发现有可以当场更正的错误，应当允许申请人当场更正；如发现材料不齐全或不符合要求，应当场告知申请人需补正的全部内容。
（3）窗口工作人员在核收申报材料时，应进行项目建设报件登记并注明收件内容及日期。
（4）申报材料经窗口工作人员核收后，将申报材料转项目经办人。
（5）项目经办人接到窗口转来的申报材料，经审核认为需补正相关文件的，一次性书面告知申请人需补正的全部内容并转窗口，通知申请人补正材料后重新申报。
（6）经审核申报材料合格后，项目经办人进行现场勘察，符合规划要求的项目，由项目经办人完成会签工作并转设计科核发《建设用地规划许可证》，经窗口发给项目单位；经研究不符合规划要求的报件，由项目经办人填写"退件通知"经窗口回复建设单位。
（7）如在办理《建设用地规划许可证》过程中，发现该建设项目直接关系他人重大利益的，应当书面告知申请人、利害关系人；申请人、利害关系人有权进行陈述和申辩。
（8）如申请人、利害关系人提出需要听证的，应当举行听证（听证程序按《规划局规划行政许可听证工作规定》执行）。
（9）申请人要求变更《建设用地规划许可证》内容的，应重新提出申请，按照规定程序换领《建设用地规划许可证》。

注：《建设用地规划许可证》有效期限为六个月，逾期未申请办理《建设工程规划许可证》的，该《建设用地规划许可证》自行失效。申请人需要延续依法取得的《建设用地规划许可证》有效期限的，应当在《建设用地规划许可证》有效期限届满 30 日前提出申请。

5. 办理时限
办理时限为 20 个工作日。

6. 建设工程规划许可证申请表（表3-3）

建设工程规划许可证申请表　　　　　　　　　　表3-3

单位全称					
单位地址					
统一社会信用代码或组织机构代码					
法定代表人		手机			
项目负责人		手机			
报建人		手机			
建设项目全称					
建设项目位置					
方案审查意见编号					
施工图设计编号					
施工图设计单位					
项目设计负责人		手机			
工程名称	建筑面积(m^2)	层数(层)		高度(m)	幢数(幢)
		地上	地下		

(1) 表3-3内容由建设单位填写并加盖公章。

(2) 按要求随表报送下列文件和图纸，所有材料务必提供原件。

1) 申请报告（变更项目说明变更缘由和变更内容，补办项目说明补办缘由）；

2) 建设单位统一社会信用代码或组织机构代码证（原件备查）、法人授权委托书；

3) 建设项目批准、核准或备案文件；

4) 使用土地的有关证明文件（不动产权证书或土地使用权证）（原件备查）；

5) 符合国家设计规范的建设工程施工图设计文件及其电子文件，包括：总平面按1：500一式五份（需加盖"防火自审章"或由设计单位出具《消防设计文件》）、全套建筑施工图、室外环境设计图、室外综合管线设计图、竖向规划设计图各两套；

6) 环境影响登记表或环境影响评价报告书（表）及环境保护主管部门的审核意见；

7) 管线等市政基础设施穿越相关用地的，提供土地所有权或者使用权人的意见；

8) 原有房屋改建、扩建的，应当提供原有房屋产权证明；

9) 施工图规划审查意见（原件备查）；

10) 建筑工程质量检测鉴定报告；

11) 未批先建的项目出具城管部门的意见；

12) 新建、改建、扩建危险化学品生产、储存的建设项目以及伴有危险化学品产生的化工建设项目，应有相关主管部门的意见。

(3) 文件和图纸装订成A4规格，图纸盖章务必清晰、有效。

3.4 项目前期规划咨询与评估服务管理

1. 规划咨询的概况

随着国家"放管服"改革的进一步深化,以及《工程咨询行业管理办法》的发布实施,我国工程咨询业开始进入剧烈变革时期。面对咨询市场放开、竞争日趋激烈的新形势,行业整合背景下咨询单位综合能力的锤炼提升,是取得竞争优势的不二门径。这就要求咨询单位牢固树立全过程工程咨询理念,加速培育整合全过程工程咨询能力,改变以往过分关注单一咨询业务节点、偏重阶段性咨询的做法,尽快向复合的全方位、全过程研究咨询转变,包括项目前期咨询策划、经济分析、评价分析、运营策划,甚至是后期评估。这种全过程工程咨询服务,其实也不是近几年才提出发展起来的。新时代的全过程工程咨询服务,立足于消除供给侧深层次结构性矛盾,集聚和培育适应新形势要求的新型咨询服务企业,扩充了全过程工程咨询的概念,延长整合了业务链条,形成了所谓大咨询理念。

规划咨询就是在规划编制部门正式做出规划决策、执行规划管理或在规划许可之前,为了方案择优、技术裁量和利益平衡,继而提高规划科学性和可行性而开展的专家论证、公众征询或分析研究等技术咨询活动。

(1) 规划咨询的原则

规划咨询应遵循客观中立、统筹兼顾、现实可行的原则。

(2) 规划咨询的目的

规划咨询的目的在于方案择优、技术裁量、利益平衡。

(3) 规划咨询的方法

定性分析与定量分析相结合、宏观分析与中观/微观分析相结合、理论与实际相结合、技术经济分析与社会综合分析相结合、资料分析与调查研究相结合、必要性与充分性分析相结合、政策分析与环境分析相结合等。

2. 规划咨询在全过程工程咨询中发挥的优势

规划咨询在全过程工程咨询中发挥的优势如表 3-4 所示。

规划咨询在全过程工程咨询中发挥的优势　　　　　　表 3-4

优势	具体表现
节约投资成本	规划咨询服务于投资控制,能够使投资设计收益提高,主要是因为可以对投资设计进行限额、优化,实行精细化管理,从而保证投资目标得以实现
有效缩短工期	运用规划咨询服务于施工建设,可以使工程的进度加快,实现缩短工期的目标。主要是因为各个施工环节能够互相交流,根据合同内容对整个工程进行监督,从而使工程顺利进行,避免出现施工问题
提高服务质量	运用规划咨询时,避免了以往存在的管理漏洞,使各个环节的衔接质量得到保证,从而可以看出运用此模式,服务质量可不断提升
有效规避风险	运用规划咨询的主要人员是技术人员,通过此模式的管控,各种风险都得到了降低,包括:安全事故、建设单位的主体责任、腐败现象等

3. 规划评估的概况

规划评估就是对已提出的各级规划进行分析论证,提出实施与修改意见和建议的咨询服务。通过规划评估可以有效地检测、监督现行规划的实施情况,并得到相关的反馈信息,从而为规划编制、政策制定以及规划管理提出修正、调整的建议,使规划运行进入良性循环。

(1) 规划评估的内容

主要对规划编制成果、规划实施过程、规划实施效果进行评估。

(2) 规划评估的程序

规划评估的程序如图 3-2 所示。

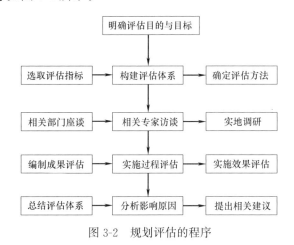

图 3-2 规划评估的程序

(3) 规划评估的要点

规划评估不仅是对规划实施进行检测评价,更应该为本地区未来调整的方向进行战略研究规划,规划评估应注意以下要点:

1) 关注外部环境的变化过程;
2) 关注空间尺度与时间序列;
3) 关注规划技术的发展变化;
4) 关注规划的延续性。

(4) 规划评估的方法

在评估方法方面,规划评估通常综合运用定量和定性两种方法,如可通过数据和模型等对实施结果与目标蓝图的契合度进行实证分析,也可通过定性描述来说明规划是否为决策提供依据以及是否坚持公正与理性。在规划评估方法的选择与应用上,应注重技术理性与社会理性的融合,也应注重被评估规划与其他相关规划的融合。

4. 规划评估的新要求

从国家层面来看,我国明确提出要加强规划监督管理,国务院在对北京总体规划的批复文件中,也明确提出需要"健全城乡规划、建设、管理法规,建立城市体检评估机制,完善规划公开制度,加强规划实施的监督考核问责"。可见规划评估对于检验建设成效、指导建设行为、评价管理绩效、优化城乡治理具有重要的价值。

在技术层面,住房和城乡建设部在 2016 年全国城乡规划改革工作座谈会中提出了完善"五个一"的要求,突出了对"总体规划实施情况报告"的关注,提出需要定期对社会公布城市总体规划的实施情况。同时,《中共中央 国务院关于建立国土空间规划体系并监督实施的若干意见》第十四条明确指出要"建立国土空间规划定期评估制度",并结合评估结果"对国土空间规划进行动态调整和完善"。

5. 评估作用的新认识

任何评价都是围绕一定目标展开的。评价目的不同,其所针对的问题和想要获得的结果就会有很大的差异,新时期城市转型和规划转型的复杂环境决定了当前总体规划实施评估目标具有更加综合性的特点。当前城市总体规划实施评估往往既是城市过去一定时期内规划实施情况的总体评价,用以检验各项规划建设工作是否达到规划的预期目标(即作用于"实施");又需要在对当前甚至是未来社会经济发展背景进行综合判断的基础上,审视规划是否适应城市发展的趋势,提出重点关注方向,为新一轮规划编制提供建议参考(即作用于"规划");同时还应从管理和机制层面有所反馈,为规划的进一步落实提供好的治理框架建议(即作用于"管理")。因此,规划评估工作可以说是串联"规划—(建设)实施—管理"3大方面的重要环节。如何在新要求下完善评估工作的内容与框架,对城市发展及治理完善显得尤为重要。

3.5 编制项目建议书的风险管理

项目建议书也就是初步的可行性研究报告,是基本建设程序中最初阶段的工作,是投资决策前对拟建项目的轮廓设想,其主要作用是论述一个项目的必要性、条件的可行性和获得的可能性,供投资人或建设管理部门选择并确定是否进行下一步工作。值得注意的是,项目建议书不是项目的最终决策。

1. 项目建议书的编制依据

(1) 国家的相关规定

1) 国民经济的发展、国家和地方中长期规划;
2) 产业政策生产力布局,国内外市场、项目所在地的内外部条件;
3) 有关机构发布的工程建设方面的标准、规范、定额;
4) 其他相关的法律、法规和政策。

(2) 建设项目资料

1) 投资人的组织机构、经营范围、财务能力等;
2) 项目资金来源材料;
3) 项目初步设想方案,如总投资、产品介绍、产量、预计销售价格、直接成本及清单;
4) 联合建设的项目需提交联合建设合同或协议;
5) 根据不同行业项目的特殊要求需要的其他相关资料;
6) 全过程工程咨询单位的知识和经验体系;
7) 其他与项目有关的资料。

2. 项目建议书的内容

项目建议书的编制是按照建设项目隶属关系,根据国民经济和社会发展的长远规划、行业规划、地区规划及经济建设的方针、任务和技术经济政策等要求,结合资源情况、投资人的战略、投资人的资历等,在广泛调查研究、收集资料、踏勘建设地点、初步分析投资效果的基础上由专业咨询工程师进行编制。

项目建议书的编制要点：

（1）论证项目建设的必要性；

（2）全面掌握宏观信息，即国家出台的有关政策；行业或地区规划、路线周边自然资源等信息；

（3）根据项目实际情况，结合规划用地情况和类似项目的情况，论证合理的建设规模；

（4）尽可能地勾画项目的整体框架，减少建设内容的遗漏。

3. 项目建议书编制阶段的风险

项目建议书编制阶段的风险如表3-5所示。

项目建议书编制阶段的风险　　　　　　　　　　　　　　表3-5

风险	具体表现
市场前景风险	市场调研是编制项目建议书的关键，市场调研可以更加了解所需材料的商场价格，从而对投资估算有大致了解。巨大的市场空间并不代表投资项目所占的市场份额，只有通过市场营销研究和市场细分，制定切实可行的销售措施，才能准确发现适合于项目产品的市场机会，甚至创造出适合于产品的市场先机，同时对行业竞争状况及潜在竞争对手研究也是市场风险分析的关键所在
经营性风险	项目建议书编制不到位会导致经营不善或经营失误，而产生与期望值背离的可能性。产生经营性风险主要有3种情况：①由于项目建议书编制不善导致经营决策的失误；②由于投资者对房地产的交易所涉及的法律条文、城市规划条例等不甚了解造成的投资或交易失败；③因企业管理水平低、效益差而引起的未能在最有利的市场时机将手中的物业脱手
工程技术风险	1）工程数量。项目建议书阶段，由于研究深度限制，沿线地质、水文情况难以完全掌握，导致实际施工中可能遇到未知的不良地质情况，造成工程规模、施工方案的变化。 2）人工及材料单价波动。近年来，工程建设中的人工价格上涨较快，钢材、钢绞线、沥青、生石灰等筑路材料单价波动较大。 3）其他因素。建筑物在设计、施工过程中，一些背景因素的变化，会导致工程方案调整，如一些地区的规划调整、铁路客运专线建设、风景名胜区范围变化等
政策风险	政策风险主要指国内外政治经济条件发生重大变化或政策调整，项目原定目标难以实现的可能性。政策风险主要表现在产业政策、收费政策等发生变化。在编制项目建议书时，要符合国家响应的政策，并认真贯彻下去。建设工程项目符合国家现行产业发展指导性政策，属于国家支柱产业。国家正加大对基建的投资力度，同时考虑到建设工程项目对社会经济发展的重要意义，所以将在一定时期内继续享受国家优惠政策

4. 项目建议书编制阶段风险控制

在项目建议书编制阶段推行风险管理，要强调风险管理的目的是通过发现风险、分析风险去找出处理、控制风险的方法，而不是强调风险的存在而否定项目。风险管理强调的是从业主的利益出发，考虑进行该项投资可能会出现的风险，通过调查分析，帮助寻找避免、降低和转移风险的措施，使业主少遭受可能发生的损失。所以，推行风险管理的科学方法，对于业主、项目经营和咨询工程师都会有很大益处。

建设工程项目建议书的编制和评估中，也进行了一些风险分析，特别是在经济评价中进行了"不确定因素的分析"，主要是分析固定资产投资、销售收入、经济成本和建设年限等变化因素，对于财务内部收益率或财务净现值指标的影响程度找出最敏感因素及允许变化的范围，粗略地讨论项目对风险的经济承受能力。要将其扩大到多个风险因素的识别和分析,确定建设项目有无或者有多大抗风险能力及控制方法。

风险管理在项目前期对风险因素的鉴别、风险发生的频率和风险损失的计算,有一套科学的评价技术——风险分析技术。除了敏感性分析、概率分析外,还有决策树、Monte Carlo方法等技术。随着计算机技术的发展,风险分析计算机软件的开发应用实现了复杂的多因素风险分析,使项目风险管理渗入可行性研究更为方便可行。

3.6 项目可行性研究的风险管理

可行性研究报告是企业从事建设项目投资活动之前,由可行性研究主体(一般是专业咨询机构)对政治法律、经济、社会、技术等项目影响因素进行具体调查、研究、分析,确定有利和不利因素,分析项目的必要性、项目是否可行,评估项目经济效益和社会效益,为项目投资主体提供决策支持意见或申请项目主管部门批复的文件。

项目可行性研究报告主要通过对项目的市场需求、资源供应、建设规模、工艺路线、设备选型、环境影响、资金筹措、盈利能力等,从技术、经济、工程等方面进行调查研究和分析比较,并对项目建成以后可能取得的财务、经济效益及社会影响进行预测,从而提出该项目是否值得投资和如何进行建设的咨询意见,为项目决策提供依据。这是一种综合性的分析方法。

1. 可行性研究报告的编制

(1) 依据

1)《投资项目可行性研究指南(试用版)》;

2)《项目申请报告通用文本》(发改投资〔2017〕684号);

3)《建设项目经济评价方法与参数(第三版)》;

4) 项目建议书(初步可行性研究报告)及其批复文件;

5) 城市规划行政主管部门出具的项目规划意见;

6) 国土资源行政主管部门出具的项目用地意见;

7) 环境保护行政主管部门出具的项目环评意见;

8) 土地合同及土地规划许可;

9) 其他区(市)县发展改革或市级主管部门的转报文件(含行业主管部门意见);

10) 其他有关的法律法规和政策;

11) 拟建场址的自然、经济、社会概况等基础材料;

12) 根据不同行业项目的特殊要求需要的其他相关材料;

13) 全过程工程咨询单位的知识和经验体系。

(2) 内容

1) 总论;

2) 市场预测;

3) 资源条件评价;

4) 建设规模与产品方案;

5) 场址选择;

6) 技术设备工程方案;

7）原材料、燃料供应；

8）节能措施；

9）节水措施；

10）环境影响评价；

11）劳动安全卫生与消防；

12）组织机构与人力资源配置；

13）投资估算；

14）财务评价；

15）风险分析。

（3）程序

在项目可行性研究报告编制阶段，其流程为：全过程工程咨询单位组建项目组—专业咨询工程师收集资料、踏勘现场—专业咨询工程师编制项目可行性研究报告—总咨询师审核项目可行性研究报告—投资人确认项目可行性研究报告—投资人/全过程工程咨询单位申报项目可行性研究报告—投资主管部门审批项目可行性研究报告，如图 3-3 所示。

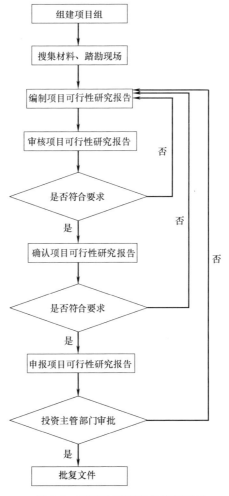

图 3-3 可行性研究报告编制流程

2. 项目可行性研究报告编制环节的风险

项目可行性研究报告编制环节的风险如表3-6所示。

项目可行性研究报告编制环节的风险　　　　　　　　　　　表3-6

风险	具体表现
注重项目前期调研	在建设项目可行性研究报告编制过程中，往往存在因前期调研不够充分而导致编制出的报告缺乏实际操作性的情况，使项目建设无法顺利开展。另外，对项目区内及周边现状情况调研不够详细，没有从实际出发来制定相应的方案，也将导致后期无法按照既定方案实施
文本编制应遵循相关的技术标准、规程	一些建设项目可行性研究报告的编制人员，由于对项目所涉及的有关技术缺乏必要的专业知识储备，对各种技术方案的设计过于笼统。在生产方案编制过程中也没有参考项目建设涉及的相应技术规程，导致后期在实施过程中出现各种各样的问题而影响项目建设的推进
编制框架应根据项目类型有所侧重	对于不同类别、不同经济用途的建设项目，在编制可行性研究报告中所使用的框架也是不同的，因为项目类别不同、目的不同，在编制上的重点也不一样，对于不同类型的建设项目，它们的资金构成、资金使用途径等内容也不尽相同。在进行项目可行性研究报告编制的时候不能套用一套模板，而应该对项目的重点内容进行突出设计，这样才能确保设计文件的完整性，增强其可操作性
明确项目建设年限、进度计划以及实施组织管理	在项目可行性研究报告中，建设期限不宜具体到年、月，而应阐述为项目建设共需多长时间。编制单位还可根据实际情况编写重点项目建设计划表，制定相关的进度计划及项目推进过程中的组织管理形式
注重安全生产方案的制定	一些工程咨询单位在编制可行性研究报告的过程中往往只注重技术方案的制定，而经常忽略安全生产方案的重要性。在报告编制中务必要保证设施的建设与配备，应提出相应的解决办法
客观预测项目建成后的效益	效益评价是建设项目可行性研究报告中的一个关键环节。建设项目普遍具有建设周期长的特点，因此，在预测项目的成本及效益时不应仅考虑当前的参考价格，还应具有一定的前瞻性。此外，充足的运行经费是发挥投资效益的物质保障。在编制建设项目可行性研究报告时应充分预估项目建成后的管理运行方式以及对运行费用进行合理计算，以保证项目建成后能够稳定运营
附图制作应按照相关规范	建设项目需要大量的图纸作为支撑，例如，方案设计图、建筑设计图、给水排水工程设计图等。在制作这些图纸时，应严格遵守相关制图规范

3. 项目可行性研究报告编制环节的风险控制

（1）提高认识、科学立项，强化项目管理

公正、科学、客观是编制项目可行性研究报告的基本原则。必须结合自身实际情况，注重前期基础材料的收集、整理，并在论证、分析这些材料时持客观、公正的态度，从定性、定量上进行调查、分析、预测，做出全面的分析、论证、计算，并对项目建设过程中的不确定性和实施管理中应注意的问题提出建议。确保论证结果可以真实反映出社会经济发展的规律，为正确的决策提供科学的依据。同时，为确保项目建设的可持续发展，包括各级行政主管部门也应该充分认识到可行性研究报告的重要性，认真强化建设项目可行性研究报告各项环节的审批工作。

（2）实行项目负责制

具有甲级工程咨询资质的设计单位每年可能承接大大小小多达百余项的建设项目可行性研究报告编制任务，无论是该单位的技术权威或技术管理部门，都很难不出纰漏。因此，根据具体建设项目的特点，选好项目负责人，往往能起到更好的效果。一个专业基础扎实、工作尽责的项目负责人可以有效促进项目组成员高质高效地开展各项工作,从而提高报告文本的整体质量。反之若项目负责人专业基础不牢、业务素质较差,所提交的报告文本往往会存在严重的质量问题。

(3) 提高工程咨询人员自身业务素质

工程咨询人员是可行性研究报告实际编制人,可行性研究报告的质量与编制报告的工程咨询人员的素质有紧密的关系。工程咨询人员往往需要具备较强的综合分析、判断能力,以求在熟悉各项政策、法规、标准的前提下能运用各种方法来解决实际遇到的难题,保证编制的报告符合实际情况。工程咨询人员还要具备一定的建筑工程设计能力和财务评价分析能力,以此节省人力成本。因此,工程咨询人员应在平时工作、生活中注意提升自身的素质和能力,及时掌握各行业最新动态,加强时政、相关法律法规、技术标准、专业规程的学习。

(4) 严格执行校审

可行性研究报告编制完成后,需由编制单位派有经验的业务骨干、技术总监等进行校核、审核和审定。通过严格的内部审查,既可以及时发现并纠正报告中可能存在的重大问题或方向性、技术性失误,同时也可以将报告中各类错误、遗漏的出现率降至最低。

近年来我国在建设项目的申报、审批等方面一直处于相对较为开放的管理状态,且在对项目的实施、管理上,由于起步较晚也存在着诸多问题。但是,我们相信随着今后工程项目建设管理制度的逐步规范、完善,建设项目可行性研究报告的编制也将越来越受到相关部门的重视。相关的编制、审批流程也会更加明晰,可行性研究报告在工程项目建设中的地位也将越来越重要。

3.7 项目投资估算编制的风险管理

在建设项目全生命周期中,存在多次计价活动,虽然其中投资估算是最粗略的,但却对整个项目的影响最大。它是项目决策的依据,是实施全过程工程造价管理的"龙头";也是制定投资计划和控制投资的有效工具,其准确与否直接影响到项目决策、投资经济效果,并影响到工程建设能否顺利进行以及后续的各种造价控制。

在社会主义市场经济条件下,建设项目投资决策的准确性不但关系到企业的生存和发展,而且决定了建设项目的目标能否在规划的资金限度内实现。要提高项目决策水准就必须深化可行性研究,这有利于工程项目投资控制目标的实现。

对工程造价控制而言,对投资估算的控制更为重要,投资估算的准确与否不仅影响到建设前期的投资决策,而且也直接关系到设计概算、施工图预算的编制以及项目建设期间的造价管理和控制。编制的投资估算,就是对以后投资控制的依据。投资估算的作用也就不言而喻了。

投资估算是在项目投资决策的过程中,依据现有的资料和特定的方法对建设项目的投资数额进行估计。它是项目建设前期编制项目建议书和可行性研究报告的重要组成部分,是项目决策的重要依据之一。投资估算的准确与否不仅影响到可行性研究工作的质量和经济评价结果,也直接关系到下一阶段的设计概算和施工图预算的编制,对建设项目资金筹措方案有直接的影响。因此,全面准确地估算建设项目的工程造价,是可行性研究乃至整个决策阶段造价管理的重要任务。投资估算在项目开发建设中的作用表现为：

（1）项目建议书阶段的投资估算是项目投资主管部门审批项目建议书的依据之一。并对项目的规划、规模起参考作用。

（2）项目可行性研究阶段的投资估算，是项目投资决策的重要依据，也是研究、分析、计算项目投资经济效果的重要条件。当可行性研究被批准后，其投资估算额即作为建设项目投资的最高限额，不得随意突破。

（3）项目投资估算对工程设计概算起控制作用，设计概算不得突破批准的投资估算额，并应控制在投资估算额之内。

（4）投资估算可作为资金筹措及制定建设贷款计划的依据，建设单位可根据批准的项目投资估算额，进行资金筹措和向银行申请贷款。

（5）项目投资估算是核算建设项目固定资产投资额和编制固定投资计划的重要依据。

1. 决策阶段投资估算的编制

（1）依据

1）《投资项目可行性研究指南（试用版）》；

2）《建设项目经济评价方法与参数（第三版）》；

3）有关机构发布的建设工程造价费用构成、估算指标、计算方法，以及其他有关工程造价的文件；

4）有关机构发布的工程建设其他费用估算方法和费用标准，以及物价指数；

5）部门或行业制定的投资估算方法和估算指标。

（2）内容

建设项目总投资包括土地使用费、建设投资和流动资金。其中建设投资由建筑工程费、设备及工器具购置费、安装工程费、工程建设其他费用、基本预备费、涨价预备费、建设期利息构成。其中，建筑工程费、设备及工器具购置费、安装工程费形成固定资产；工程建设其他费用可分为固定资产、无形资产、递延资产。基本预备费、涨价预备费、建设期利息，在可行性研究阶段为简化计算一并计入固定资产。

建设投资可分为静态投资和动态投资两部分。静态投资部分由建筑工程费、设备及工器具购置费、安装工程费、工程建设其他费用、基本预备费构成；动态投资部分由涨价预备费和建设期利息构成，如图3-4所示。

注意，本书中工程建设其他费用包含资金成本、专利及专有技术费、建设单位管理费、勘察设计费、研究试验费、建设单位临时设施费、工程建设监理费、工程保险费、引进技术和进口设备其他费用、联合试运转费、生产职工培训费、办公及生活家具购置费等。考虑到土地获得渠道的多样化，将土地使用费从工程建设其他费用中剥离出来，单独列项。使用者可根据拟建项目实际发生的具体情况确定。

2. 建设项目投资估算费用组成

根据国家规定，从满足建设项目投资设计和投资规模的角度，建设项目投资的估算包括固定资产投资估算和流动资金估算两部分。

固定资产投资估算的内容按费用的性质划分，包括建筑工程费、设备及工器具购置费、安装工程费、工程建设其他费用、基本预备费、涨价预备费、建设期利息、固定资产投资方向调节税。其中，建筑工程费、设备及工器具购置费、安装工程费直接形成实体固

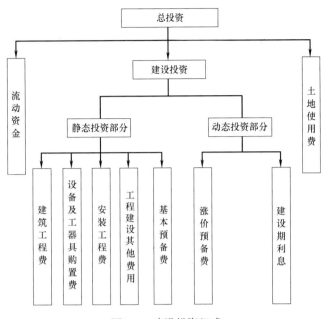

图 3-4 建设投资组成

定资产,被称为工程费用;工程建设其他费用可分为固定资产、无形资产及其他资产。基本预备费、涨价预备费、建设期利息,在可行性研究阶段为简化计算,一并计入固定投资。

流动资金是指生产经营性项目投产后,用于购买原材料、燃料、支付工资及其他经营费用等所需的周转资金,是伴随着固定资产投资而发生的长期占用的流动资产投资。

$$流动资金 = 流动资产 - 流动负债 \tag{3-1}$$

其中,流动资产主要考虑现金、应收账款和存货;流动负债主要考虑应付账款。因此,流动资金的概念,实际上就是财务中的营运资金。

建设项目投资估算组成如图 3-5 所示。

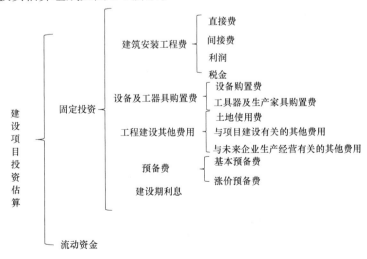

图 3-5 建设项目投资估算

3. 项目投资估算环节的风险防范

项目投资估算环节的风险防范如表3-7所示。

项目投资估算环节的风险防范 表3-7

风险	具 体 表 现
投资环境风险	虽然我国的社会环境较为稳定,但东西部经济差别较大,沿海和内地发展不均衡。因此,在投资时要尽可能避免经济结构单一、财政收入较低、投资风险较大的区域,如果为了更高的利率投资了这些地区的项目,可以通过第三方的担保措施来进行风险的转移
政策风险	政策对项目投资的影响也是很大的,同时对于企业来说这种影响是不可事后控制的,所以,一定要事先充分了解当前行政区域的相关政策,关注不同区域政府现阶段所支持与限制的产业,避免将大量资金投入到限制发展的产业中
市场风险防范	国家经济政策的变化,产业结构的调整;项目的产品市场变化;工程承包市场、材料供应市场、劳动力市场的变动;工资的提高、物价上涨、通货膨胀速度加快;金融风险、外汇汇率的变化等都会对工程造价产生一定影响。 市场风险还需考虑市场竞争程度,项目建设涉及的材料和设备的供求关系情况,项目建设涉及的专业承包商的市场化程度将直接导致相关工程造价的变化。另外,采购方式不同也会造成价格变化
投资监管力度不够	做出投资决策之后,企业需要建立一套完善的监督体系,以核实和监督投资决策的实施情况,确保决策按计划完成,尤其是对长期投资的监控,企业需要对资金的投入、资金的回收期、投资收益率、投资项目的盈利性、通货膨胀等有清楚的了解,以便对不合理的投资决策实时改进,对不能回收的资金也需做好坏账准备,这是很好的预防投资风险的措施
构筑物估算指标较低造成的风险	对于新建和大部分扩建项目,建设项目在工程造价中所占比例较大,构筑物投资在建设项目中所占比例最大,一般达到工程造价的30%以上。构筑物的成本随着主要材料的价格波动和消耗而变化。 一般来说,投资估算是项目投资的最高限额,不能随意突破;投资估算在初步设计概算中具有控制作用;建设单位可以按照批准的投资估算向银行筹集资金和申请贷款;投资估算是制定固定资产投资计划的重要依据。投资估算的目标是工程量与图纸和设计规范相符,成本指标合理,设备材料价格与业主期望的设备等级相匹配,成本内容完整,充分考虑影响投资的不确定因素

4. 项目投资估算阶段的风险控制

(1) 把握国家政策走向

建设项目应尽可能地跟随国家的步伐,符合国家政策,则更容易获得发展、壮大的机会。国家政策属于宏观环境,对建设项目的投资产生直接的影响,所以在决策阶段只有敏锐的洞察力,才能绝地逢生,同时风险自然也可以降低。

(2) 建立健全投资决策机制

决策的方向和效率对建设项目的发展起着决定性作用,但是当下不少项目负责人对决策机制的重视程度还不够高,决策机制的建立还存在不合理、不科学、不系统的情况。决策者往往凭借主观意志对项目做出决策,对投资风险的预测不准确,风险控制能力不足。如果已经建立了完善的决策机制,首先所做出的决策不应是随意的,会根据相关的数据分析来保证该决策的合理性,其中会运用到定量分析方法。决策机制的实施,将风险事故发生的可能性降低,也将会获得良好的收益效果。

(3) 严格建立投资监控体系

资金投入之后,是否按计划被使用,或者被投资项目是否和预期一样具有盈利性,这些都是决策之后需要考虑的问题。第一，需要建立一套完善的资金监控体系，实时监测资金流向、资金回收等信息，避免私人挪用或资金难以回收而毫无准备等情况的发生；建立赏罚分明的奖惩制度，责任明确到个人，只有明确责任，才能让心怀叵测之人有所忌惮；对于业绩优秀的投资人员，可以奖励一定比例的投资收益，或者进行股权激励、分红激励等，可以激励员工探索优秀投资项目，或极力促成项目的实施，对于私人挪用公款行为严格惩治，对其他人起到警醒作用。第二，建立投资项目的追踪监控体系，可以建立专门的投资项目分析机构，聚集专业的投资分析人员，同时提高企业的信息化水平，利用大数据技术，对被投资企业的经营活动、项目实施状态及时进行数据搜集、分析，以了解项目的进展，对于很难获取收益的项目，想办法合理抽回资金，或计提坏账准备。

（4）认真搜集、整理和积累各种建设项目的造价资料

对估算指标应加快更新速度，及时吸收新技术、新经验，不断提高质量水平。工程造价资料是人们在工程建设过程中宝贵经验的总结，应作为一种财富收集，并加以利用。概预算人员的业务素质是靠知识和经验的积累而提高的。工程造价资料的积累，对提高概预算人员的业务素质，了解工程造价的内在规律，对投资估算、控制工程造价都是有好处的，应形成一种制度，作为概预算人员的一种责任和义务。工程造价资料积累不仅是原始资料的收集，还必须进行加工和整理，使资料具有真实性、合理性。资料收集不能仅停留在设计概算和施工图预算上，而应立足于竣工决算，并将竣工决算与概、预算进行对比分析，使其具有更大的参考价值。建立资料积累数据库，实现信息网络化。

（5）灵活运用工程造价资料和技术经济指标，切忌生搬硬套

选择技术经济指标时，必须充分考虑建设期的物价及其变动因素，项目所在地的有利和不利的自然、经济方面的因素，技术经济指标必须使用于用途相同、结构相同、工程特征尽可能相符的工程项目中，否则应做必要的调整，对引进国外设备或技术的项目还要考虑汇率的变化。

（6）应注意项目投资总额的综合平衡

投资估算是先估算各单项工程或各专业工程的投资，然后汇总而成的。常常会发现从局部上看某些单项工程投资或某些专业工程投资是合理的，但从总体上看，其所占总投资额的比例并不一定适当。因此必须根据各单项工程或专业工程的性质和重要性，从总体上来衡量是否与其内容和建筑标准相适应，从而再做一次必要的调整，使得建设项目总投资在各单项工程或各专业工程中的分配比例更为合理。

3.8 本章总结

工程建设项目风险是一特定的风险，是指在整个工程建设项目全寿命过程中，因自然灾害和各种意外事故的发生而造成的人身伤亡、财产损失和其他经济损失的不确定性。工程建设项目风险管理是指通过风险的识别、分析和评价方法去认识项目可能面临的风险，采取合理的应对措施，有效控制和妥善处理风险事件造成的不利后果，从而保证项目总体目标实现。工程建设项目往往由于其规模大、投资大、周期长、生产的单件性和复杂性等特点，比一般产品生产具有更大风险，因而进行风险管理尤为重要。风险管理是对项目目标的主动控制。首先对项目的风险进行识别，然后将这些风险定量化，对风险进行控制。

国际上把风险管理看作是项目管理的组成部分。风险管理和目标控制是项目管理的两大基础。工程建设项目风险管理的目的就是增加有利、积极的事件发生的概率及影响,减少不利、消极的事件发生的概率及影响。

1. 影响决策阶段风险控制的因素

(1) 政策因素

这是一种"致命"风险,其风险本身对投资者来说是无法控制的。政府或某一行业的主管部门常常因为全局利益而采取一些政策措施,如调整国民经济计划,增加税收,强迫某些工程下马,取消某些项目或颁布新的政策法规等。这样常常给投资者带来重大损失,而这些损失又常常无法得到补偿,政策环境的变动对投资决策的进入导向至关重要,因此,在投入资本之前仔细研究国家的政策条例和政策意图以及它们的变化趋势,是控制投资决策风险的重要前提,如研究国家的宏观政策面、产业政策及区域发展规划等。例如国家实行适度从紧的财政和货币政策,表明筹资的难度加大;对年度规模和在建规模的双重控制,表明国家严格控制基建项目的上马;当价格总水平低于经济增长率,这表明价格增幅趋缓。国家的产业政策,是在一定的时期内国家鼓励和限制的产业,如高档宾馆、写字楼及小的纸厂、炼铁厂则采取加重税收不审批项目、不提供资金和经济处罚措施。区域发展规划指国家对区域经济发展方向的导向和倾斜,如沿海城市经济发展战略、中西部经济发展战略等。很好地了解掌握这些政策因素,并从国际发展、国内外政策等情况加以分析,使所选择的项目尽量与现行政策及政策走向相一致,方能有效地规避政策风险。这类风险一般包括:

1) 宏观形势不利

任何经济活动都离不开宏观形势。在世界经济萧条的形势下很难有某一区域不受丝毫影响。例如1997年的亚洲金融危机,虽然没有正面冲击我国经济,但随后两年对建筑业的负面影响就很明显。某些城市部分在建工程项目因财政紧张而被迫下马,工程欠款也随之成为政府的负担。

2) 通货膨胀幅度过大

在市场经济的情况下通货膨胀是难免的。一般说来,一定幅度的通货膨胀是可以理解的,也是可以接受的,只要这个幅度符合正常规律。但是如果幅度过大,比如超过警戒线(即高于50%),则经济秩序将会完全搞乱。这时作为基础设施的承包商必然要求政府增加拨款,从而加大政府的风险。

3) 融资风险

项目融资是工程项目实施第一阶段的工作,融资的成功与否直接关系到项目能否上马。基础设施项目的类别和项目管理水平若不符合贷款方要求可导致融资失败。例如向世界银行贷款,就要求对项目和项目环境进行严格的审核,包括对项目建设规模、建设工期、形成能力等情况以及资金偿还能力、项目管理水平等都有具体规定,不符合条件的项目自然无法通过。

4) 决策水平低下

决策者水平的高低是项目投资后能否发挥效益的关键因素。有些项目的《项目建议书》及《可行性研究报告》过于粗糙,很多情况下是按照决策者的个人意图做的"可批性研究",没有具体分析实际情况,从而导致项目建成后不能发挥应有的作用。如某市一公路排洪沟上的桥梁工程，在建成之后，决策者对其造型不满意，下令炸掉返工。其实选择什么样的造型在方案选择阶段就应确定下来，这种因为决策者不懂图纸、不懂项目管理、乱指挥而引起的决策失误在某些部门仍存在。

5）自然风险

如地震，风暴，异常恶劣的雨、雪、冰冻天气等；未能预测到的特殊地质条件，如泥石流、河塘、流砂、泉眼等；恶劣的施工现场条件等。自然风险会对已建成项目或在建项目造成破坏，从而占用计划内项目资金，若自然灾害防范预备资金严重超支，必然导致年度计划的改变，决策者需重新调整上马项目。

(2) 市场风险

建设项目投产后的效益取决于其产品在销售市场中的表现，因此投资决策面临的市场风险主要指需求风险、价格风险和竞争风险，也就是说项目投资决策前，要对其产品所面临的国内外市场、近期与长期市场需求情况进行调查分析，预测项目产品能卖出多少，以什么价格卖出，有多少家企业生产，项目产品的市场占有率如何等等。这里需进行3方面的调查：①销售量和生产能力的调查，其中包括国内（外）现有生产能力总量、开工率、销量变化、市场需求结构、价格状况和科技创新；近年的进出口数量、价格和国别；已立项及在建项目个数、生产能力、技术水平、地区分布、预计建成时间、资金投入数量、价格、主要生产厂家名称、地点、生产能力、市场分布以及近年来的实际产量、成本、价格和财务情况。②替代产品的调查，即对可替代性产品的性能、质量、生产能力、价格、区域分布及走势进行调查。③国外市场调查，对同类产品的国际需求，主要生产国家、地区、厂家的生产技术、生产能力、价格、销售量及分布，科技发展的展望、财务状况。市场风险是每一个工程项目投资决策都必然要遇到的和无法避免的风险，只能通过项目前期详细认真的分析论证来加以避免。

(3) 法制风险

在投资时有关的法律法规对工程项目的影响也是很大的，一般来说如果与投资有关的一整套法制很健全，如在保护公司产权免遭侵犯方面，在反垄断、反不正当竞争方面，在信用担保方面，在履行经济合同方面都能严格执法，那么国内外不同类型的投资主体就会在项目决策前感到很安全，在发生经济与法律纠纷时可以有效维护项目所涉及的各种权益，从而有效降低合理投资的风险，加大不合理投资决策的风险。目前，与外商投资法律环境相比，国内厂商的投资法律环境不完善，国内投资决策的风险缺乏必要的法律规范与强有力的法律保护，使得投资决策中侵犯知识产权、不平等竞争的行为屡屡发生，如投资立项时通过的"关系工程""侵权工程""假担保工程""条子工程"等往往既违反了投资决策科学化与民主性原则，又与国家有关法律法规相抵触，从而严重扰乱了投资建设领域的经济秩序，增加了投资决策的风险程度。因此，努力健全和改善与投资有关的法律环境，可大大降低投资决策风险。

(4) 成本风险

成本风险是指成本提高所带来的危险。成本风险是某种可预见的危险情况发生的概率及其后果的严重程度这两个方面的总体反映，是成本提高所带来的危险和后果的一种综合性的认识。如安全事件成本能给组织者带来多少损失，这是危险情况发生结果的严重程度的反映；这种事件发生的可能性大小，这是危险情况发生的概率。

2. 风险控制的有效策略

(1) 加强合同风险管理

工程合同既是项目管理的法律文件，也是项目全面风险管理的主要依据。项目的管理者必须具有强烈的风险意识，学会从风险分析与风险管理的角度制订合同的每一项条款，对项目可能遇到的风险因素要有全面深刻的了解。否则，风险管理的失控将给项目带来巨大的损失。

合同是合同主体各方应承担风险的一种界定，风险分配通常在合同与招标文件中定义。发包人在风险管理上应该对承包人起到组织、指导、协调、控制的作用，确保项目实施能够有序、高效地进行。要达到这一目标，发包人除了要与承包人订下严密的合同并严格执行外，还必须在技术风险、质量风险、工期风险上有一套控制制约机制和监理模式，要有一套对承包人实现有效控制的方法和途径。发包人对风险的管理应该具有更高的层次，从更宏观的角度去进行风险识别、分析和控制，从而实现对承包人风险管理的有效控制。

(2) 建立完善的工程项目风险管理机制

工程项目风险包括工程延期、费用超支、工程质量不符合原定标准以及项目中途流产等几种情况。风险管理的核心就是采用经济和法律手段规避和转移风险、有效控制风险。因此，应遵循市场经济规律，采用法律和经济手段，引导和调控工程风险管理，并且尽量避免行政干预。同时也应注意到，在我国工程项目风险管理尚属新生事物，工程项目风险管理体系还没有建立起来，应尽快完善工程安全管理法律体系，构建既适合我国国情又符合国际惯例的工程项目风险管理模式。

(3) 密切联系市场，加快信息化进程

工程建设的发展离不开市场信息，工程建设企业要发展壮大，必须走以专业队伍为主、信息化方式运作、规模化集团推进、实体化具体实施的具有特色的发展路子。只有形成信息、资产、人力、物力的规模效应，发展才会实现质的飞跃。企业能够充分掌握、利用市场信息，则显得尤为重要。企业要及时了解外界信息，并根据市场供求关系的变化，有选择地多渠道、全方位展开经营活动，如大力开展合作经营，进行分包施工、配合施工，能有效保证规模效应及良好的收益。同时通过适时地掌握国家的新政策、新动向，与技术进步相联系，提高专业化水平，强化资源的最佳配置，这也是追求规模经济效益最大化、实现风险转移和控制的有效途径。

(4) 项目择优

规模合理的工程项目的设计必须要从实际情况出发，选择合适的施工规模是降低造价的重点。如：高投入、高风险、高回报项目需选择小规模方案；低投入、低风险、稳定的项目需选择大规模方案；中等投入、中等风险、回报较高的项目则保持规模适中。严禁为了追求高档次、高水平而盲目选择项目规模。制定项目方案时要具备3种以上符合要求的方案，这样可以为最优方案的选择创造条件。在对比选择阶段，对不同方案的投资总额、投资效果综合审核考察是关键。

(5) 严格估算，避免漏算

当前，项目漏算已经成为导致造价过高的常见因素，做好项目估算工作可有效避免这一问题。通常情况下，一个工程项目提出后常会出现漏算的方面包括：配套设施、设备投资、构筑结构、交通设施、办公用具、安全防范、外部协作费用、各种规费等。此外，投资估算可以真实地体现出建设地区的经济状况，如施工技术水平、生产效率等，避免出现工程漏洞。建设项目投资估算必须要从实际情况出发，在估算前要广泛收集相关的数据信息，掌握足够的资料后才能全方位完成预算工作。投资估算精度应符合项目决策的需要，编制的投资估算应考虑造价控制相关方面，确保投资估算真正起到控制总投资的作用。

（6）提高效率，优化资源

随着建筑行业的发展，我国现有的土地资源被不断开发利用。而土地是不可再生资源，项目投资决策必须保持高效率，这样才能让有限的资源得到充分利用。从目前的市场情况看，土地的从紧控制是不可逆转的，地价的飙升是不争的事实。这就要求投资者积极运用好每一寸土地资源，从而降低土地成本资金的消耗。

（7）执行责任，增强意识

解决"真业主"和"假业主"这一问题，不仅维护了项目法人在工程投资中的利益，也是实现建筑行业健康发展的重要条件。投资者要选派高素质的人员或委托专业项目管理公司完成项目管理工作，而项目管理人员要提高自己的责任意识，对项目投资、进度、质量等核心指标进行控制。

3.9 案例分析

1. D公司简介及G项目概况

（1）D公司简介

D公司是某下属以汽车服务、贸易、国有资产重组盘活为主的综合性公司，公司注册资金2.11亿元，现有员工4000多人，拥有40多家控股、参股企业，2008年营业收入超过80亿元人民币。根据市委市政府要求本项目建设成为广州市"退二进三"的标志性样板工程的指示精神，结合项目地块周边纺织面料交易成熟商业环境，以及广州产权交易所提出建设综合性商品类及资本类交易所园区的概念，依照有关政策，对本项目建设改造成G项目。

本项目合作单位是广州产权交易所（以下简称"广交所"），它是经省、市人民政府批准成立的从事企业产权交易和综合配套服务的区域性专业机构，在华南地区企业并购、资产重组及经济结构调整中日益发挥着重要作用。截至2009年6月30日，累计承接各类产权交易委托项目5700多宗，涉及企业资产总额2900多亿元，通过交易所的发动，撮合成交率达93%，直接为国家和企业实现财富增值90多亿元。

（2）G项目概况

该项目位于广州市新港西路，项目将作为旧城区工业厂房以及工业遗产的"退二进三改造示范区"。在地理区位上十分优越，一方面毗邻多所高等学府，学术与艺术氛围浓厚、人才资源优势明显；另一方面，地块紧邻中大商圈与江南新苑、富景花园、江南美景花园等高端住宅楼盘。此外，该项目交通区位良好，地处新港西路临街一线地段，邻近地铁中大站，公共交通配套十分便利。但目前地块周边的现状道路系统较为混乱，可达性差，阻碍了该地块的整体发展。

建筑规划用地153565.4m^2，原有总建筑面积150441m^2，其中保留总面积121411m^2，规划新建面积29029m², 计算容积率建筑总面积150141m², 地下停车场总面积33025m², 综合容积率0.98, 总建筑密度39%, 绿地率25.2%, 机动车泊位数199个（地上）, 675个（地下）, 项目的主要面积分类指标如表3-8所示。

项目的主要面积分类指标（m²） 表3-8

项目名称		数值	项目名称		数值
规划总用地		153565.4	展览	总面积	1728
规划建设用地		152565.4		保留	1728
总建筑面积		150441		规划	0
保留总面积		121411	不计算容积率建筑总面积		300
规划总面积		29029	地下	总面积	0
计算容积率建筑总面积		150141		保留	0
办公	总面积	23679		规划	0
	保留	21224	架空	总面积	300
	规划	2455		保留	300
后勤服务	总面积	627		规划	0
	保留	627			
	规划	0			
附属设施	总面积	8695			
	保留	3332			

对项目群体建筑环境及文化特征进行选择性保护，包括建筑群、道路和原有景观及相关人文生态环境。在对现状建筑进行普查综合分析的基础上，提出保护、改建、拆除等改造做法。

对20世纪50年代建筑：选择性保护建筑现状，根据相关原始资料对其损伤部位进行修复；对建筑周边环境进行系统保护；对建筑外部及内部墙体文化进行保护。

对20世纪70年代与80年代建筑：拆除改造成为开敞空间；或拆除复建建筑风格协调的新建筑。

对20世纪90年代的建筑，要选择性保护；对建筑外立面再设计，协调创意产业园区特征；对大跨度的工业厂房空间进行局部改造，增加采光带、共享中庭同时局部内部加层，提供灵活的、适宜性更强的建筑空间。

2. 该项目前期决策阶段风险的识别

(1) 开发区域风险方面

政治环境方面，我国保持了长治久安的局面，国家政策稳定，社会安定团结，因此战争、工潮、社会动荡、政府不稳定等因素发生的概率很小，不构成本项目风险因素。另外社会环境方面，由于社会稳定，本项目在这方面的风险因素都较小。经济环境方面，由于通货膨胀等影响，贷款利率发生增长变化，增加了开发商的资金成本，同时也引起各种建筑材料成本上涨，以及劳动力和管理费用的上升，增加了项目的开发成本，从而降低了开发商的预期收益。但从保值的角度会刺激房地产的需求，这对开发商来说是有利的，但对真正的消费者来说要付出更多的资金，此时便要看消费者的有效需求能力了。所以通货膨胀增长，对本项目是有风险影响的。

(2) 开发园区风险方面

1) 场址改造的不确定性

场址的改造投资必须等规划、设计、预算确定后才能比较准确，所以测算的不确定性较大，投资有可能增大。此外，由于前期拆建时正值广州举办亚运会，工期存在不确定性。综合起来，场址改造存在很大的不确定性。

2) 租金收入的不确定性

由于场址租金对前期的经营有较大影响，而园区因受原有传统商品经营习惯影响，小业主的租金存在很大的不确定性。

3) 场址的建设用地和房屋作为资产注入项目公司的不确定性

由于项目追求社会效益和经济效益的平衡发展，项目公司虽然有物业收入保障，但前期的收益水平比较低，投资回收期不短，用场址的建设用地和房屋作为资产注入项目公司，涉及评估、国有资产处置、经营性建设用地转让等诸多不确定因素，存在风险。

(3) 开发时机风险方面

据统计，美国房地产业的周期为18~20年，日本约为7年，而我国的房地产周期目前还没有准确的统计数据，但以G房地产项目开发两年期的时间计算，广州市以及全国的市场也仍将保持稳定的投资消费需求，因此，在这方面的风险因素也较少。

3. 该项目前期市场可行性分析

(1) 广州市建设国家中心城市定位

广州作为国家中心城市、综合性门户城市、国际大都市的发展定位上升到了国家战略层面。《珠江三角洲地区改革发展规划纲要》对广州的发展给予了高度重视，从国家战略高度，明确要求广州"要充分发挥省会城市的优势，增强高端要素集聚、科技创新、文化引领和综合服务功能，进一步优化功能分区和产业布局，建成珠江三角洲地区一小时城市圈的核心。优先发展高端服务业，加快建设先进制造业基地，大力提高自主创新能力，率先建立现代产业体系。"

国家中心城市最主要的功能是综合服务功能，广州只有大力发展现代服务业，拥有对物质流、资金流、技术流、信息流的更大的支配力、控制力和配置力，才能提升中心城市高端要素集聚和综合服务功能。本项目建设大宗商品集合电子交易中心，正契合了国务院、广东省委、省政府将广州建设成为国家中心城市的发展大计。

(2) 项目区域发展展望

项目所在的海珠区为广州批发市场的重点发展区域。区内有新港西路纺织批发市场群和广州大道南批发市场群。海珠区的两大批发市场群均为广州市未来重点发展的重点批发市场群。

项目位于海珠区新港科技文化带，高科技文化综合功能区和服装文化功能区的交汇地带，根据城市产业规划导向，主导发展纺织服装和高科技相关产业。鉴于中大纺织商圈在海珠区经济发展中的重要性，海珠区区委、区政府已将其定位为海珠区四大商贸圈之一。《海珠区国民经济和社会发展第十一个五年规划纲要》提出以广州国际轻纺城的建设为机遇，加快中大布匹市场的全面升级改造，将其建设成为华南地区服装产业集群的重要组成部分和国际纺织品采购中心。在《广州市海珠区商业网点规划（2007—2016年）（试行）》中，也明确提出"中大纺织商圈应在传统专业批发市场规模的基础上，全面推进信息化，未来市场交易模式以现代化的电子交易为主"。以上区域规划为本项目建设广州提供了有力的规划指引。

从历年广州市房地产市场运行情况来看，和同处一线城市的沪、京、深等地相比，广州市房地产市场总体上是比较平稳的，房地产市场参与者的心态总体上也是很成熟的，一般不会出现追涨杀跌的现象。未来广州市房地产市场虽然面临较多的不确定因素，但可以预料仍会一如既往地保持平稳。

在这种情况下，同时还应密切关注国家政策特别是房贷和差别利率政策的变化和实行情况，以监测租赁市场和二手交易市场在成交量和价格上的反应。

4. 小结

G项目位于新港西路，邻近中山大学、中大商圈，公共交通、生活配套十分便利；但地块用地条件受原有旧楼、厂房、布匹市场、城中村的影响，削弱了综合竞争力；D公司抓住机会，对该区域进行改造重建，通过前期的调研、可行性研究等，做出了合理的决策，为以后的项目建设打下了良好的基础，既可以减少风险，又可以节约成本。

复习思考题

1. 建设工程项目前期构思策划应考虑哪些因素？
2. 简要概述建设用地及工程规划许可证办理流程。
3. 简要论述全过程工程咨询规划评估。
4. 编制可行性研究报告时可能遇到的风险及应对措施有哪些？
5. 项目投资估算阶段的风险及应对措施有哪些？

第 4 章

建设项目设计阶段咨询控制与风险防范

本章学习目标

通过本章的学习,学生可以掌握建设项目设计阶段咨询控制与风险防范的各个重要环节,对建设项目设计阶段风险的规划与管理有更深入的认识。

重点掌握:建设项目设计管理的采购控制、项目方案设计的风险管理、项目施工图设计的风险管理。

一般掌握:建设项目设计阶段概述、设计概算的风险管理、项目初步设计的风险管理。

本章学习导航

学习导航如图 4-1 所示。

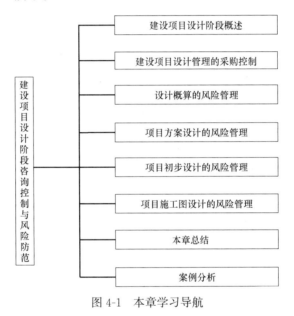

图 4-1 本章学习导航

4.1 建设项目设计阶段概述

建设项目设计阶段是在决策阶段形成的咨询成果(如项目建议书、可行性研究报告、投资估算等)和投资人要求的基础上进行深化研究,对拟建项目进行综合分析、论证,编制项目勘察设计文件并提供相关咨询服务的过程。

在决策阶段做出投资决策后,控制项目工程造价的关键在于设计,合理的设计对于成功建设整体项目和成本控制起着十分重要的作用。

1. 定义

设计阶段的定义有狭义和广义之分,如表 4-1 所示。

2. 设计阶段的划分

设计阶段可划分为初步设计、技术设计和施工图设计三个阶段,如表 4-2 所示。

设计阶段定义 表4-1

设计阶段	范围	定 义
设计阶段	狭义	指从组织设计竞赛或者委托方案(或设计概念)设计开始,到施工图设计结束为止的设计过程。建设项目设计依据工作进程和深度不同,一般按扩大初步设计、施工图设计两个阶段进行;技术上复杂的工业交通项目可按照初步设计、技术设计和施工图设计三个阶段进行
	广义	贯穿于工程项目的全生命周期,建设项目的设计工作贯穿于工程建设的全过程,从选址、可行性研究、决策立项,到设计准备、方案设计、初步设计、施工图设计、招标投标以及施工,一直延伸到项目的竣工验收、投入使用以及回访总结为止

设计阶段划分 表4-2

设计阶段环节	次序	依 据	定 义
初步设计	第一阶段	可行性研究报告、建设地点的勘察资料和其他基础资料	指编制拟建工程的方案图、说明书和总概算,实质上是一项带有规划性质的"轮廓"设计。它主要解决拟建项目的技术可靠性和经济合理性等问题
技术设计	第二阶段	批准的初步设计文件	是对一些技术复杂或者有特殊要求的项目,为进一步解决某些具体的技术问题或者确定某些技术方案而进行的设计
施工图设计	第三阶段	批准的初步设计文件(或者技术设计文件)和主要设备订货情况	绘制建筑安装工程和非标准设备需要的施工图,完整地表现建筑物外形、内部空间的分割、结构体系、构造状况以及建筑群的组成和周围环境的配合。施工图要求具有详细的构造与尺寸,它还包括各种运输、通信、管道系统、机电设备的设计等。在工艺方面,应具体确定各种设备的型号、规格及各种非标准设备的施工图。在施工图设计阶段应编制施工图预算,经过审订后作为以后造价管理的依据

3. 设计阶段的投资管理

建设项目80%的全寿命周期费用在项目的规划和设计阶段就已经确定,而其他阶段只能影响项目总费用的20%,如图4-2所示。

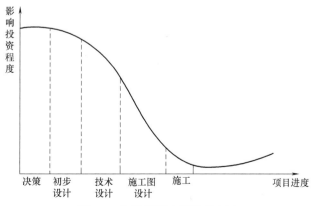

图4-2 各阶段影响投资程度图

4. 建设项目设计阶段的投资管理任务

在做出建设项目的投资决策以后，项目的建设就进入了实施阶段，此时首先是着手设计工作，项目设计阶段的设计概算不能超出项目决策阶段的投资估算。设计阶段的投资管理任务如图4-3所示。

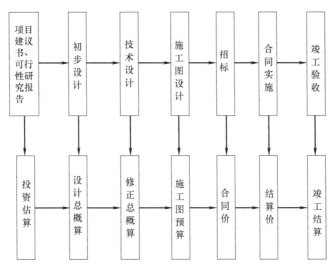

图4-3 设计阶段的投资管理任务

4.2 建设项目设计管理的采购控制

现在项目的开发对建筑人性化、智能化的要求逐渐提高，除传统的建筑材料外，为实现项目功能，使用的相关设备越来越多，这给项目的采购管理带来了困难。采购工作开展的顺利与否会直接影响到工程项目的进度、成本、质量，因此设计管理的采购阶段显得尤为重要，做好采购工作可以有效地降低风险，减少成本。

采购计划是指企业管理人员在了解市场供求情况，认识企业生产经营活动过程中和掌握物料消耗规律的基础上对计划期内物料采购管理活动所做的预见性的安排和部署，包括是否采购，怎样采购，采购什么，采购多少，什么时候采购等过程。这些内容基本上都是由设计成果确定的。在设计管理的过程中，要详细分析建筑功能，完善优化建筑功能，合理布置功能空间。接着应对所涉及的产品在市场中的情况做一定的分析比较，必要时，可以组织设计人员在内的工程技术人员进行学习和考察，尽量做到物尽所能、物美价廉。

在采购设备的过程中，必须由设计人员清楚地界定出特定的需要，并且还要找到最低的价格和最具竞争力的供应商。在现实的项目采购操作中，要实现这两个"最"字的目标是十分不容易的。但是，能够通过对项目采购管理中部分环节的控制，来有效地降低采购成本，从而使项目资金达到最优的配置，用有限的资金获取尽可能多的资源，这是在项目采购管理中所能够实现的成本目标。

1. 设计管理中的采购管理

重视设计管理与项目采购的关系，厘清各专业建筑材料的需求，做好材料使用及采购的优化，可以方便项目的实施，降低项目的运作成本，提高项目的价值，为项目的成功打下基础,具体如图 4-4 所示。

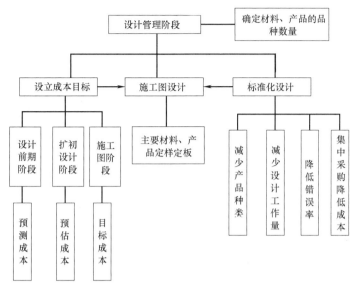

图 4-4 设计管理中的采购管理

2. 控制采购成本的有效措施

控制采购成本的有效措施如表 4-3 所示。

控制采购成本的有效措施　　　　　　　　表 4-3

措施	具 体 做 法
制定科学合理的采购控制预算	制定合理的采购控制预算是控制采购成本的前提,首先要对市场情况进行分析和研究,预测成本价格,建立限额控制标准
供应商管理	在设计管理阶段,提前对相应的设备进行调研,提前联系供应商,通过与供应商的交谈,可以对相应的设备准确定位,使采购工作做得更加到位
建立监控体制和激励机制	采购人员在大量现金流和物流环境中容易迷失自己,在设计管理阶段就要建立相应的激励体制,加强绩效考核,提高采购的效率和质量

4.3　设计概算的风险管理

1. 设计概算的编制

设计概算的编制依据包括:
(1) 国家相关规范、标准、勘察文件、初步设计文件;
(2) 政府相关批文、可行性研究报告、立项书;
(3) 国家和地方政府有关工程管理和造价的法律法规;
(4) 当地和主管部门颁布的概算定额、工期定额、指标等;
(5) 当地现行的工程造价信息;
(6) 《建设项目设计概算编审规程》CECA/GC 2—2015;
(7) 相关单位多年的知识经验积累。

编制内容包括：
(1) 建设项目总概算及单项工程综合概算；
(2) 工程建设其他费用、预备费、专项费用概算；
(3) 单位工程概算；
(4) 如概算需要调整，经原单位审批同意后，即可调整概算。

在专业咨询工程师（设计）设计文件过程中，全过程工程咨询单位应安排专业咨询工程师（造价）编制设计概算，在造价控制目标内进行估算调整及设计调整、组织初步设计概算内部评审、技术经济分析比较或调整概算，同时须考虑项目工期对概算的影响。专业咨询工程师（造价）应与专业咨询工程师（设计）密切配合、讨论和优化方案，以选出技术先进、经济最合理的最佳设计方案，保证概算的质量，并且总咨询师应对设计概算进行质量把关。

2. 设计概算编制风险

设计概算编制风险如表 4-4 所示。

设计概算编制风险　　表 4-4

风险类型	具体分析
工程招标投标不合理	建筑工程的工程材料众多，型号类别千差万别，同一种功能的设备材料，在不同的设计理念中需要不同的型号规格，这需要提高造价人员的专业技能素养。在实际的招标投标过程中，工程造价人员对合同设计的价格、调价幅度及方法的条款缺乏有效的把握。而在合同签订后，工程造价人员也未能对合同内容的履行情况实施有效监督
设计概预算与实际偏差过大	造价咨询单位的工作人员在做概算和预算时，采用的定额有一定的时间性和地域性的限制，在进行调差的时候没有正确地套用定额；对市场调研不够，导致与市场价格差距过大，这样都会使得概预算与实际发生偏差
技术和经济结合不够	设计人员的责任就是做好设计，造价人员的职责就是做好预算，这种思想在人们的脑海里根深蒂固。然而在设计概算中，概算设计人员应在设计前亲到现场调查勘测，然后选择合适的方案进行设计。由于建设方对造价的控制以及设计费用和投资金额成正比关系，概算设计人员在预算过程中往往会偏保守，这样固然可以降低设计概算风险，但由于设计人员无法实时了解项目现场的情况，不能全面考虑影响因素，项目造价无法得到有效控制
前期设计方案不完善	在设计阶段未能根据项目实际情况对设计方案进行优化导致方案的设计不够完善；在方案比选方面，只对重点工程的关键部位进行比选。在建筑材料方面的设计中，通常只关注结构设计，从而忽视了应有的施工结构。此外，设计文件不完整，部分项目缺失，预算、概算时对设计意图了解不够，工程量计算模糊，同时现场勘察资料不全，将导致部分费用计算缺乏依据

3. 设计概算编制风险控制

表 4-5 列举了设计概算编制风险的控制措施。

设计概算编制风险控制措施　　表 4-5

措施	具体做法
加强概算环节的限额设计	在建筑工程建设过程中采用限额设计是控制投资支出和有效使用资金的有力措施，我们在具体的项目实践中，应加强推行设计概算阶段的限额设计
加强设计方案的优化设计	①尽量采用较为先进的技术和工艺方法；②防止设计方案中对项目成本不切实际的压低。节约投资只是优化的一个方面，除此之外还应综合考虑，重视设计的科学性以及技术的先进性，以提高价值目标为基础，以总体效益为出发点，进行设计方案的优化

续表

措 施	具 体 做 法
加强设计概算的审查	审查主要包含以下内容:审查设计概算内容、审查编制依据的适用范围、审查编制说明、审查概算编制深度、审查概算的编制范围等
递进性修正工程计价	是一个逐步深化、逐步细化接近造价的过程。工程项目需要按一定的建设程序进行决策和实施,工程计价也需要在不同的阶段多次进行,以保证工程造价计算的准确性和控制的有效性
建立项目投资决策责任追究制	加强工程造价控制的积极性、主动性。针对建筑工程项目的投资决策、可行性研究,需要建立责任追究制,让进行可行性研究和投资决策的有关人员权利与责任共担,这样可以加强有关人员的工作责任心和加强工程造价控制的积极性、主动性

4.4 项目方案设计的风险管理

项目方案设计阶段是设计实质性开始的阶段。项目设计方案应满足投资人的需求和编制初步设计文件的需要,同时需向当地规划部门报审。

1. 方案设计文件编制

(1) 依据

1) 与工程设计有关的依据性文件,如:可行性研究报告、政府有关部门发布的有关文件、初步设计任务书等;

2) 设计所执行的主要法规和所采用的主要标准;

3) 设计基础材料,如:气象、地形地貌、区域位置等;

4) 政府有关主管部门对项目设计的要求,如对总平面布置、环境协调、建筑风格的要求等;

5) 工程规模、项目设计规模等级和设计标准。

(2) 内容

方案设计阶段具体内容如图 4-5 所示。

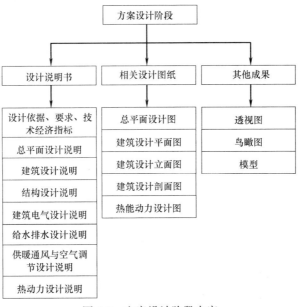

图 4-5 方案设计阶段内容

2. 项目方案设计环节的风险

建设项目全过程涉及的风险包括：生产/施工环境风险、人员能力风险、方案设计风险、施工工艺风险、采购周期风险、成本控制风险、操作失误风险、项目质量风险、管控模式风险、技术创新风险等。其中设计阶段的方案设计风险管理是建设项目的重中之重。

设计阶段的风险识别就是要找到风险所在，并且找到导致风险发生的主要因素，设计阶段识别的风险点基本为技术风险。工程项目采用的技术与工具是全过程项目主要风险的来源之一。一般来说，在工程项目中使用新技术是提高工程项目绩效的重要手段，但是，新技术如果未经认证或未充分掌握，可能会影响项目的顺利完成。

工程项目设计阶段的方案设计风险主要内容如表4-6所示。

设计阶段风险 表4-6

条件	风险来源
地基条件	业主提供的地质地基材料可能与实际存在出入，甚至出入较大，异常地质的处理可能增加工作量、延长工期
气象条件	在施工过程中，遇到降雨、大风等不可抗力的自然现象，对施工造成巨大的影响，这对设计阶段的方案设计会造成影响
设计条件	设计时间有限，将导致设计方和业主的沟通有限，或者设计人员的素质达不到要求，这些都会影响设计阶段的方案设计

3. 项目方案设计环节的风险控制

风险管理，就是要明白，风险既是威胁又是机会这一矛盾。通过风险的识别、评估，基本可以掌握项目面临的风险点、风险发生的可能性和影响程度，以及这些风险点对项目风险管理的重要性。接下来就要采取适当的策略和措施对风险加以控制，如表4-7所示。

项目方案设计环节风险控制措施 表4-7

风险控制措施	具体做法
业主提供信息要准确	对于地基条件，要提供一个准确的地基材料，根据工程的结构类型、特点、荷载分布等，制定一个合理的设计方案
充分考虑不可抗拒因素	在进行方案设计时，除了考虑最基本的设计方案外，还要考虑当遇到不可抗力因素时，项目的运作、人员的安身场所等
创造良好的设计条件	在方案设计过程中，要充分与业主进行沟通，避免一些不必要的失误，要选用专业性强的设计人员，对整个方案的设计可提供更好的帮助

4.5 项目初步设计的风险管理

在方案设计通过投资人及相关部门的审批之后，就可以开展初步设计，初步设计文件应满足《建筑工程设计文件编制深度的规定（2016版）》，并提供相应的设计概算，以便投资人有效地控制投资。

1. 初步设计文件的编制

（1）依据

1）国家政策、法规；

2) 各专业执行的设计规范、可行性研究报告、规程等;
3) 批准的方案设计;
4) 委托方提供的有关使用要求或生产工艺等资料;
5) 建设场地的自然条件和施工条件;
6) 有关的合同、协议、设计任务书;
7) 其他有关材料。

(2) 内容

在项目的初步设计阶段,全过程工程咨询单位编制和交付的主要设计成果文件,在设计深度上应符合已审定的方案设计内容,能据以确定土地征用范围、准备主要设备及材料,能据以进行施工图设计和施工准备,并作为审批确定项目投资的依据。初步设计内容和成果文件如图 4-6 所示。

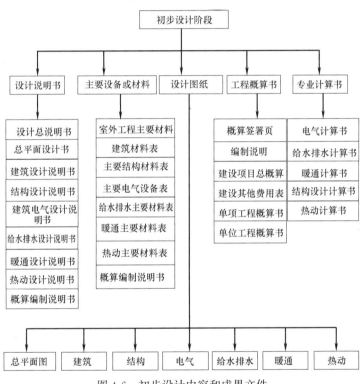

图 4-6　初步设计内容和成果文件

2. 项目初步设计环节的风险

初步设计是设计阶段的第二大环节,在这个环节也存在着一些风险,在解决风险之前,首先要对风险进行识别,表 4-8 列出了初步设计环节可能遇到的各种风险。

初步设计环节的风险　　　　　　　　　　　　　　　　表 4-8

风险因素	表现
技术风险	审查要求设计方案变更;审查要求技术标准变更;设计单位缺乏智能化、数字化设备等专业资质的人才
资料风险	设计文件资料不全;初步设计文件深度不够;不按规定要求进行编制

续表

风险因素	表现
质量风险	设计缺陷,导致质量达不到要求;对初步设计及概算的重视程度低
管理风险	沟通不及时;信息传递障碍;投入的资源较少;设计单位责任约束机制和激励机制不够完善
概算风险	依据不足,采用估算的方式计价,不确定性较大;二类费的计取,出现漏算、重复计算等;定额高,设备材料价格高等
其他	采用的规范不准确,或采用的规范版本过旧;价格信息与实际不符

3. 项目初步设计环节风险控制

在初步设计阶段,经过了风险识别,为了避免风险所带来的损失,就必须解决这些风险,对其进行有效的控制,表 4-9 列举了解决风险所采取的各种措施。

项目初步设计环节风险控制措施 表 4-9

风险控制措施	具体做法
提高设计文件质量	保证初步设计文件的深度和设计质量,加强对初步设计概算第三方审查机构的管理,确保招标控制价的准确性
改变传统管理模式	争取总承包商在初步设计阶段介入。建议采用"初步设计—施工总承包"模式逐步取代现行的"施工图设计—施工总承包"模式。灵活性相对较大,总承包商在初步设计阶段提前介入项目,可以更了解项目的情况,有利于项目管理实施
重视设计变更管理	在设计变更中要求监理方介入并充分发挥监理的能力,严格审查变更方案,避免总承包商降低标准而给建设单位带来风险
完善资料的完整度	在项目的初步设计中,对资料的利用程度很高,因此对初步设计用到的材料应尽可能完善
保证概算的可靠程度	在初步设计环节,要充分地对市场进行调研,保证材料和设备的价格符合当时的市场价格;避免漏算、多算等

4.6 项目施工图设计的风险管理

施工图设计阶段主要是通过图纸把设计者的意图和全部设计结果表达出来,主要以图纸的形式提交设计文件成果,使整个设计方案得以实施。施工图设计,第一作用就是指导施工,第二作用就是作为工程预算编制的依据。

1. 施工图文件的编制

(1) 依据

1) 国家政策、法规及相关规范;

2) 设计任务书;

3) 批准的初步设计文件;

4) 实地勘察资料;

5) 初步设计的审查意见;

6) 关于初步设计建设项目所在地行政主管部门的批复意见;

7) 其他有关材料。

（2）内容

施工图设计文件包括合同要求所涉及的所有专业的设计图纸（含图纸目录、说明和必要的设备、材料表等）以及图纸总封面；对于涉及建筑节能设计的专业，其设计说明应有建筑节能设计的专项内容；涉及装配式建筑设计的专业，其设计说明及图纸应有装配式建筑专项设计内容。具体如图4-7所示。

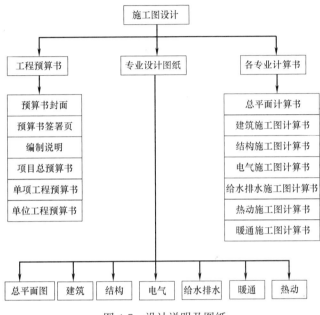

图4-7 设计说明及图纸

2. 项目施工图设计环节的风险

随着经济的不断发展，建筑业也在突飞猛进地发展，建筑物不仅要保持外形美观，还必须内在实用，且建筑的质量、节能、通风等各项内容都必须纳入设计范围。因此对图纸要求十分严格，一旦出错会带来不必要的损失，严重者还会造成建筑物质量问题，因此在施工图设计中应注意表4-10所示的风险。

施工图设计环节的风险　　　　　　表4-10

风险因素	具体风险
总平面图设计问题	在现有的总平面图设计中,经常会由于设计人员考虑不全面、设计不规范等而导致部分项目的设计不符合规范要求;细节标注错误也是设计者们经常犯的错误,图纸中缺少坐标网格、缺少指北针、缺少各种出入口标志等;建筑间距与日照控制设计也是常见问题
节能设计问题	很多设计师常会忽视节能环保,甚至个别设计师不熟悉节能环保材料,或者对建筑节能的关键点不熟悉,忽视节能设计过程中易出现的问题,这也是我国绿色建筑在很多时候仅仅停留在概念层面的主要原因,个别设计师无法真正把低碳理念融入设计中
消防设计问题	消防设施宽度设计不合理;防火分隔设计不合理等
缺乏方案与实际的结合及细节思考	门窗设计不实用;墙体两侧线脚设计不合理;实地考察不够深入

3. 项目施工图设计环节的风险控制

在施工图设计中，大部分风险都是可以规避的，表 4-11 根据实际经验对一些问题的解决方法进行了归纳总结，以期能够有效提升施工图的设计水平。

施工图设计环节风险控制措施　　　　　　　表 4-11

风险控制措施	具体做法
提升设计者的综合素质	首先要加强设计人员的专业水平，加强建筑施工要求的培训；其次要让设计师学习最先进的设计知识，完善其专业体系，使其更为专业；再次，要提升其职业素养，提高专业知识是其中一方面，此外还要求设计师坚持正确立场，坚守原则
加强对施工图设计的管理工作	严格按照要求编写设计说明；严格按照国家规范相关规定进行方案设计，严格按照《建筑工程设计文件深度规定》设计；施工图设计必须全面细致，只有这样才能更好地指导现场施工
加强换位思考	设计师从经验、使用者方面入手考虑，进行相关设计；设计师应该加强实地考察的力度，了解各方面知识，充分考虑各方面的实际情况

4.7　本章总结

通过对设计阶段的各个环节进行风险分析和风险控制，可以有效控制设计阶段的不利因素，大大降低风险和成本。

从前述内容可知全过程模式最关键的阶段是设计阶段，设计阶段在决策阶段之后，影响着工程质量和建设进度进而影响工程造价，对全过程模式有着重大意义。

工程项目的质量与造价和设计质量密切相关。项目设计阶段是一个里程碑阶段，将建设项目从规划转变为实际。项目成本的初步设计是项目投资的上限——设计估算。它是影响和控制整个过程建设成本的关键阶段。

设计管理应重点关注以下风险：

(1) 设计简单，程度不深。

如果处于设计阶段的设计图纸文件太过简单，水平程度不够深，最终不仅会增加施工阶段的设计变更等，还会直接增加工程投资费用，严重情况时还会延长工期，从而影响投资效益。

(2) 技术和经济结合不够。

"设计人员的责任就是做好设计，造价人员的职责就是做好预算"这种思想在人们的脑海里根深蒂固。然而实际工作中，设计人员应在设计前亲自进行现场调查勘测后，再选择合适的方案进行设计。由于建设方对造价的控制以及设计费用和投资金额成正比关系，设计人员在设计过程中往往会偏保守，这样可以降低设计风险。但是，设计人员无法实时了解项目现场的情况，不能全面考虑因素，使项目造价无法得到有效控制。

(3) 概预算与实际投资偏差过大。

造价咨询单位的工作人员在做概算和预算时，采用的定额有一定的时间性和地域性的限制，在进行调差的时候没有正确地套用定额，也没有考虑市场价格。这样都会使概预算与实际产生偏差。

（4）选择设计单位时没有按照程序进行招标，而是直接委托设计单位进行设计。

这样一方面，由于缺乏竞争，设计单位的图纸质量不高，另一方面也违反了法律程序。

设计阶段各环节风险因素如图4-8所示。

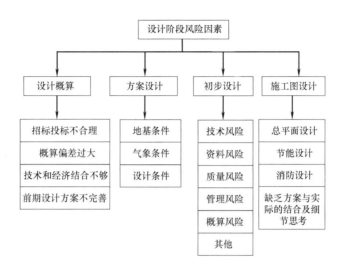

图4-8 设计阶段风险因素

4.8 案例分析

1. 案例背景

某写字楼工程，地上10层，地下2层。该工程建设地点位于广西壮族自治区南宁市，项目待建场地坐落在风景优美的邕江边，其周边生态环境极佳。由于开发商急于开展这个项目，只进行了比较仓促的工程项目设计招标投标。在经历了简单的评标程序后，确定了中标单位，为了早日开工，开发商给设计院定了一个相当紧张的设计时间。设计院提出了勘察要求并进行了勘察工作。场地土层从上到下依次为人工填土、淤泥质黏土、粉砂层、中砂层、强风化泥岩层、中风化泥岩层。场地土的分布比较均匀，各土层、岩层表面平整，如图4-9所示。

基坑开挖时出现了问题。因项目所在地离江很近，场地地下水埋深较浅，且水量较大。一方面基坑周边地下水量很大，且分布着淤泥层、砂层，导致基坑支护工作进行得相当吃力。另一方面，因坑底的地下水不断涌入，基坑的水位根本降不下来。整个工程无法继续开展，就此进入了停工状态。

现场出现问题后，建设方匆忙地组织地勘、设计、监理、施工单位来到现场研究处理办法，经过讨论没有得到

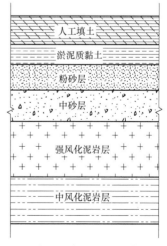

图4-9 场地土的分布

满意的处理方案。无奈之下，建设方最后迫于时间关系，采取了更改原设计的方案。该处理方案为取消地下第 2 层，仅做一层地下室，减小基坑深度，降低施工降水的难度。设计院针对此方案，修改了原设计，项目终于又得以继续进行了。

2. 案例分析

（1）该案例出现的风险

该工程出现的问题打断了项目正常运行的节奏，增加了建设成本，最终还被迫减小建筑面积，降低了建筑的整体价值。

工程项目的失控主要是项目设计管理不到位引起的，此项目管理中的问题如表 4-12 所示。

项目管理中的问题　　　　　　　　　　　　　　　　　表 4-12

问题	具体表现
没有合理的管理形式	开发商没有根据自身的特点和要求去选择一个适合自己的设计管理形式，制定一个良好的管理制度，而且没有创建一个合适的工程项目设计管理团队，缺少人力资源管理的介入，或介入得不到位
没有定义明确的设计管理范围	项目设计管理工作开展没有明确的目标，不清楚管理工作的内容。在设计过程的管理上只是一味地催促，将项目的进度要求作为设计管理的唯一指标，而不注重进度、质量、成本管理的相互关系和相互影响
设计质量管理的观念淡化	设计质量管理是使提出的设计方案及施工图纸能达到预期的目标并在施工阶段达到设计所要求的质量。在设计阶段的质量管理需要依靠明确的设计程序并在设计过程的每一阶段进行评价
缺少实地调查，缺乏沟通协调管理	工程项目是一项多单位协作、多部门参与的整体工程，有设计单位、施工总承包单位、监理单位等，必须要有一个核心的管理团队去做好他们之间的沟通协调工作
忽视了设计管理的风险管理	主要是忽视了项目设计成果的质量风险，没有对风险实施有效控制和妥善处理风险导致后果，从而对项目的实施造成损害

（2）解决措施

为了应对风险，可采取的措施如表 4-13 所示。

风险解决措施　　　　　　　　　　　　　　　　　　　表 4-13

解决措施	具体分析
加强对设计管理的认识	设计管理既是设计的需要，也是管理的需要。设计管理的基本出发点是提高产品开发设计的效率。设计越来越成为一项有目的、有计划、与各学科和各部门相互协作的组织行为。缺乏系统、科学、有效的管理，必然造成盲目、低效的设计和没有生命力的产品，从而浪费大量的时间和宝贵的资源，给企业带来致命的打击。设计管理在现代经济生产中发挥着越来越重要的作用。不了解设计规律和特点而进行管理，以及设计管理不力，都会影响企业其他各项管理工作。另外，应加强技术人员对设计管理的认识，要依靠明确的设计程序并在设计过程的每一阶段进行评价
进一步明确设计管理的范围	项目设计管理工作开展要有明确的目标，了解管理工作的内容。在对设计过程的管理上要追求质量，不能一味地赶进度，不能将项目的进度要求作为设计管理的唯一指标，要更加注重进度、质量、成本管理的相互关系和相互影响

续表

解决措施	具体分析
落实个人责任制	建设单位项目负责人、勘察单位项目负责人、设计单位项目负责人、施工单位项目经理和监理单位总监理工程师在工程设计使用年限内,承担相应的质量终身责任。落实个人质量责任制,是国家控制设计质量风险的重要措施。设计单位也应该适应国家管理政策的变化,改变管理制度,制定落实个人质量负责制的措施
	应建立项目负责人的相关管理机制,加大项目负责人的权利,既要项目负责人承担相应的责任,也要给予适当的激励,做到责权利相统一。项目负责人质量终身责任制需要社会的支持,应健全法规,建立相应的保险机制。此外应加强各部门的协调关系
注重设计阶段的风险管理	建立相应措施,确保设计过程质量可控,需要细化控制措施,责任落实到人
	建立事前控制措施,防范违反建设程序和法律法规的风险
	建立事中控制措施,对设计程序进行检查,强化设计人员的风险意识
	减少设计错漏碰缺,降低设计质量风险,建立事后控制措施,对设计成品文件进行检查,杜绝对外提交的文件违反强制性条文情况的出现,并对施工图设计质量进行评价

复习思考题

1. 项目设计阶段可以划分成哪些阶段?
2. 简述控制采购成本的有效措施。
3. 简述设计概算的风险及控制风险的措施。
4. 简述项目初步设计的风险及应对措施。
5. 简述施工图阶段的风险及应对措施。

第 5 章

建设项目施工阶段咨询控制与风险防范

本章学习目标

本章是全书重点章节，通过本章的学习，学生需要掌握建设项目施工阶段咨询控制与风险防范和相关管理工作，掌握施工风险控制相关内容。

重点掌握：工程项目施工的风险管理、项目质量控制的风险管理、项目进度控制的风险管理、项目成本控制的风险管理。

一般掌握：招标文件编制、招标过程管理、项目勘察和设计的风险管理、工程项目安全风险管理。

本章学习导航

本章学习导航如图 5-1 所示。

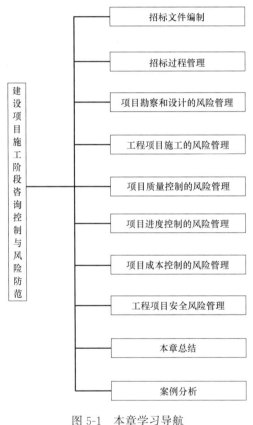

图 5-1　本章学习导航

5.1　招标文件编制

1. 招标文件

招标文件是整个招标活动中对招标人和投标人都具有约束力的最重要文件之一，是招标活动的纲领性文件。招标文件是招标人传递招标信息和有关要求的唯一合法途径，如果招标人的招标信息传递有误或含糊不清，势必会导致投标人通过投标文件所传递给招标人的信息与招标人的实际要求不一致，可能导致3个方面的后果：①所有的投标都不符合招标人的实际要求，从而导致招标失败；②最具竞争力的投标人由于信息传递的错误而未能中标，最终的中标人并不是招标人最佳的项目承揽单位；③招标人主动对招标文件进行修改或者澄清，这样既增加了招标人的工作量又增加了投标人的工作量，从而延长了招标时间，影响招标工作的效率。

招标文件是定标后招标人与投标人签订合同的基础，招标文件的绝大部分内容将成为合同的内容，而合同是明确招标人和投标人的权利、义务关系的具有法律约束力的契约，是整个招标项目顺利实施所必须遵循的最重要的法律文件。因此，如果招标人在编制招标文件时遗漏了招标项目的质量要求、技术要求、进度要求、付款方式等重要内容，轻则会增加合同谈判的工作量，重则会使项目的实施出现偏差。

2. 编制的依据和原则

（1）遵守法律法规

招标文件的内容应符合国内法律法规，如招标投标法、政府采购法、政府采购货物和服务招标投标管理办法、民法典、知识产权法、商业竞争法等多项有关的法律，遵循国际惯例、行业规范等。

（2）全面反映使用单位需求

招标的目的就是为需求服务，招标文件全面反映使用单位需求是编制招标文件的一个基本要求。

（3）公正合理

公正是指公正、平等对待使用单位和供应商。招标文件是具有法律效力的文件，双方都要遵守，都要承担义务。

（4）公平竞争

公平竞争是指招标文件不能存有歧视性条款。招标的原则是公开、公平、公正，只有公平、公开才能吸引真正感兴趣、有竞争力的投标厂商竞争。

（5）科学规范

以规范的文字，把采购的目的、要求、进度、售后服务等描述得简洁有序、准确明了。

（6）维护政府、企业利益

招标文件编制要注意维护使用单位的秘密，如高校网络设备采购就要考虑安全问题。不得损害国家利益和社会公众利益，如噪声污染必须达标。

3. 招标文件的主要内容

招标文件的主要内容应包括：

（1）工程施工招标公告

（2）工程招标活动日程安排表

（3）招标须知

1）总则

2) 招标文件的组成、澄清和修改

3) 招标文件的编制

4) 招标文件的递交

5) 开标

6) 资格审查

7) 评标

8) 决标及合同授予

9) 工程量变更结算方式

10) 其他

(4) 评价方法和标准

(5) 合同条款

1) 协议书

2) 通用条款（参照实例范本）

3) 专用条款

(6) 工程技术规范

(7) 工程量清单编制

(8) 图纸

(9) 招标文件投标函部分格式

(10) 招标文件商务格式目录

5.2 招标过程管理

招标工作程序分为3个阶段：项目准备阶段、招标评标阶段、谈判签约阶段。工作控制流程如图5-2所示。

招标是一种公正性非常强的市场竞争，同样是一种资源配置得到最佳优化的方式，招标能够满足市场经济的发展需求，也为所有企业提供了一个十分透明的竞争平台，所以做好招标管理的意义是非常大的。

负责进行招标工作的工作人员应该熟悉企业全方面状况，做好招标前的各种工作准备，提前设计招标的进程与内容，做好计划和安排，同时对招标的物资、工程等及时上报给公司财务部，进行财务的调配。这就是狭义上的企业招标管理。企业招标采购流程为：使用申请→资产核查→招标准备招标文件→发标开标→定标→领导审核→签订合同→物资发放→工程开工。

通常情况下，大型企业在进行招标时需要承担很大的风险。例如，有时会因为个人想要牟取暴利而致使企业出现损失；有时会因为企业对招标工作的管理存在着严重的漏洞而出现损失。个人之间的利益关系与管理防范体制不完善是造成损失的重要原因，也是招标工作中所存在的最大的风险。

表5-1列举了招标过程中的各类风险。

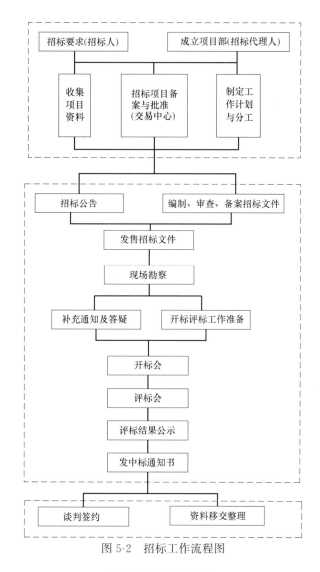

图 5-2　招标工作流程图

招标过程中各类风险　　　　　　　　　　　　　　　　　　　　　　表 5-1

风险种类	内容
价格风险	市场中经常会存在供和需不对等的状况,如果是在卖方掌握稀缺资源的条件下,就可以对投标环境进行定额控制,以此来提高价格
	一些供应商为了能够中标而报出极低的价格,该价格可能会使供应商的利润非常微薄,这种行为会扰乱真正的市场价格
	供应商为了达到中标的目的,就会在几个关键点上报出较低价格,在中标后提供货物时又以其他理由提出涨价的要求
质量风险	供应商所提供的产品质量不达标,导致企业的经济发展、利润等各个方面都蒙受损失
	企业自行采购的材料存在质量方面的问题,所带来的负面影响会波及最终产品的质量
供应商延迟交货和采购意外风险	缺乏对参加招标的企业做仔细认真审查的过程,供应商在生产以及管理上漏洞较多,致使日期到时不能及时交货
	在采购时遇到了一些不可抗力因素就会导致供应商无法按时供货,或者已经到货的材料由于各种原因没有及时投入生产,造成缺货风险损失

5.3 项目勘察和设计的风险管理

1. 设计文件的资料咨询服务

全过程工程咨询单位对设计文件的资料进行管理可以保证设计及施工有序进行，保证工程实际进度在计划进度之内。通过图纸审查及备案的施工图、方案设计文件、初步设计文件均应先交全过程工程咨询单位登记归档，全过程工程咨询单位应设置专人进行管理、统一发放，并负责统计和分发设计文件，各收图单位应指定人员到全过程工程咨询单位签领。

（1）设计文件接收

全过程工程咨询单位收到专业咨询工程师（设计）送来的图纸资料后，应做好以下工作：

1) 按照合同内容，核实图纸套数，对照图纸目录核查图纸数量是否吻合，无误后方可接收图纸；

2) 进行图纸收录登记，建立台账；

3) 涉及图纸深化或修改时，应要求专业咨询工程师（设计）进行书面交底；

4) 接收图纸须核实其有效性（出图章、设计人员签字等）。

（2）设计文件分发

1) 按合同、施工标段及承包人要求及时分发设计图纸；

2) 实行设计图纸发放记录登记制度；

3) 建立《图纸资料分配单》和《图纸资料发放登记表》。

（3）图纸资料存档管理

1) 图纸资料及时归档，重视零星图纸的管理与归档，应日事日清；

2) 作废版本图纸资料在验证后加盖"作废"章，且不得进柜贮存，应采取隔离措施确保不与有效图纸相混淆；

3) 需借用存档图纸资料时，应按规定办理借阅、归还手续；

4) 重要资料借阅时应提供复印件，不得随意将原件借出。

2. 勘察设计的现场咨询服务

勘察设计是工程建设的重要环节，勘察设计的好坏不仅影响建设工程的投资效益和质量安全，其技术水平和指导思想对城市建设的发展也会产生重大影响。

勘察分可行性研究、初勘、定测和补充定测四个部分。每个勘察阶段都有它的目的，先确定建筑的可行性，然后对地质水文情况做一个大致勘察，最后详勘需要弄清楚每一个地层岩土情况，需要做原位试验、土工试验，确定地基承载力，进而采取合适的基础形式和施工方法。

勘察设计在工程建设中起到龙头作用，作为提高工程项目投资效益、社会效益、环境效益的最重要因素，城市建设勘察设计又是为所属地域经济、社会发展提供支撑的具有地缘特征的开放性的动态系统，融入城市建设活动和社会之中，依托建设活动和社会的发展而发展。

勘察设计的现场咨询服务内容包括：

1) 施工过程中地勘及设计的现场服务，如派驻设计现场代表，收集投资人及参加各方的意见，及时解决设计问题，质量事故技术方案的审定，对施工现场进行技术督导以及新技术、新工艺、新结构、关键工序的现场指导。

2) 不利物质条件情况的处理。专业咨询工程师（勘察、设计）须对实际施工中发现与勘察设计文件不符的不利物质条件进行现场分析、处理。不利物质条件情况的处理流程如图 5-3 所示。

3) 地基与基础工程验收。

4) 主体结构工程验收。

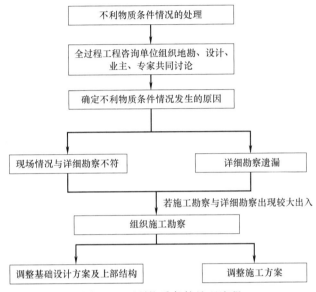

图 5-3 不利物质条件处理流程

3. 勘察设计过程的风险识别

勘察设计贯穿于项目建设的全过程，企业必须重视勘察设计过程的风险管理，做好勘察设计过程的风险识别，充分认识并管控好风险，才能真正取得实效。表 5-2 列举了不同时期勘察设计过程的风险识别。

勘察设计过程的风险识别　　　　　　　　　　　　表 5-2

勘察设计过程的风险识别	内容
设计前期	如项目用地的基本情况、项目规划以及项目的地质勘察报告等问题，一定要按照国家相关规定取得相应的许可，否则就会出现设计与实际不符、设计和建设单位纠纷，甚至设计违规的风险。同时，设计单位要充分了解建设单位意图，通过合同评审确定产品和服务要求能得到满足，识别过程风险在公司控制能力之内，才能承担设计任务
设计中期	设计过程中，主要考虑策划和过程监视控制方面的风险。如人员安排不合理、过程控制不严谨，造成出图质量和出图效率下降，出现返工、停工问题，耽误工期，引起顾客抱怨、投诉，甚至由于设计缺陷出现安全隐患，影响公司的社会信誉；或者公司相关部门和项目负责人在与建设单位沟通、协调方面，因沟通不及时、不充分造成反复设计变更，影响顾客满意度
设计后期	设计后期主要是由于设计变更带来的风险。因施工方或甲方违反法律法规的要求，设计单位过程监视不力，未经过专业评审，直接进行设计更改，影响竣工备案和使用，设计方可能因违规遭投诉，甚至存在安全隐患和经济赔偿的风险

勘察设计项目的质量问题将直接导致其面临风险。对待风险,最常见的两种处理途径是:一是采取主动措施将其控制至最低程度,二是转移风险。在目前我国还没有专业责任保险,但勘察设计机构通过积极预测各种风险,自身采取一定的防范措施,是完全可以规避和控制风险的。通过分析,可以从产生项目质量问题的根本原因出发,建立有效的质量管理体系,具体如表5-3所示。

勘察设计过程的风险控制管理　　　　　　　　　　　　　　　　　　　　表5-3

勘察设计过程的风险控制管理	内容
加强风险意识教育,推进风险管理文化建设	加强风险管理理念的培养,充分利用各种宣传方式,提升企业员工的风险意识和责任意识,自觉遵守风险管理行为规范,增进学习能力和提升组织风险责任文化
加强和完善风险管理制度	加强对现行企业规章制度体系的完善工作,对相关制度进行梳理、修改、补充和废止,及时发现并弥补制度设计和执行上的缺陷;对新形势新业务及时制定相关规章制度及流程,不断完善制度体系,防止出现制度空白
加强设计过程风险识别评估过程	为了确保企业利益最大化,减少决策失败的可能性,公司应在全系统范围内,广泛、持续地收集与风险管理相关的内外部信息,通过对各种风险系统、全面地进行辨识、归类,并分析产生风险事故的原因与过程,将不确定的经营成果降低到可接受的范围内
建立施工图设计审查制度	对施工图设计文件实施审查,是政府对设计成果加强质量监督和管理的强制性措施,这项制度已经列入行政法规,应当坚决执行

作为勘察设计企业,企业风险存在极大的不确定性,如何避免或降低发生风险的概率,减小由此带来的损失对于企业来说至关重要。而识别和管理勘察设计过程风险有助于企业风险管理体系的建立和完善,同时对风险长效管理机制的形成具有重要意义。

5.4　工程项目施工的风险管理

建设工程项目是一项极其复杂的系统性工程,在工程项目施工过程中,参与主体多,外部环境不断变化,人们认识客观事物的局限性,都会给项目增加许多不确定的因素,而这些不确定因素会产生工程风险。风险可能给工程带来严重的后果,所以对工程项目施工风险的管理势在必行。

表5-4列举了工程施工风险的类别。

工程施工风险　　　　　　　　　　　　　　　　　　　　　　　　　　表5-4

风险类别	内容
工期风险	现场施工人员和技术人员的水平较低,施工所需的各种原材料没有及时供应,资金没有及时到账以及工程设计突然变更等
材料价格风险	在一个工程项目中,建筑材料的费用占据了很大的比重,最高可达到总造价的85%。然而材料的价格是随着市场的变化而上下波动的,这种波动形成了材料价格的风险,从而会导致工程项目的造价风险
自然风险	暴雨、台风及地震等破坏力较大的自然灾害,必然会影响到工程的进度,从而导致一定程度的造价风险
设计变更风险	如果设计单位对原来的设计进行了变更,那么必然会在一定程度上影响工程的进度、质量和造价

表 5-5 列举了降低风险的一些措施和建议。

降低风险的措施和建议 表 5-5

措施	内容
加强人力资源管理	合理配置人力资源,充分调动员工的工作积极性,最大限度地提高工作效率
抓好材料管理和使用	在材料价格的管理方面,材料的采购一定要通过招标投标的方式,以此来降低采购成本,同时,可以制定批量采购计划,从而可以获取规模效益,并且要强化采购合同管理,增强风险意识
	在材料用量管理方面,对于材料的取用要严格按照计划执行,可以采取限额领用的管理方式,同时,对于已购买的各种材料需要进行严格的验收手续和全方位的保管措施,从而确保材料的质量
加强机械设备使用和管理	对这些机械设备进行合理的使用和管理,内容包括对机械设备的选型、使用、保养维修以及改造更新。机械设备的合理使用和管理能够减少机械的损耗,从而提高施工效率
实行全方位合同管理	实行全方位合同管理需要严格按照合同规范进行操作,包括合同的谈判以及签约阶段。制定合同的各项条款时必须明确双方的权利与义务,用词需要严谨,不会产生法律纠纷
合理建立伙伴关系	在工程项目的施工过程中,可以建立公开、公正、公平的合作伙伴关系。以"互利双赢"的理念,制定一些对双方都有利的共同目标,使得合作双方能获取最大的利益

5.5 项目质量控制的风险管理

全过程工程咨询单位是建设项目实施阶段质量管理的重要管理主体之一,质量管理实施的核心是质量管理目标的确定,应根据建设工程投资人及利益相关者需求以及依据所签订的施工合同并结合工程本身及所处环境特点进行综合论证。在实施阶段主要是对建设项目进行质量控制。

1. 质量控制内容

为了完成实施阶段质量控制任务,全过程工程咨询单位的专业咨询工程师(监理)需要做好以下工作:

1) 协助投资人做好施工现场准备工作,向承包商提交合格的施工现场;
2) 审查确认承包商资格;
3) 检查工程材料、构配件、设备质量;
4) 检查施工机械和机具质量;
5) 审查施工组织设计和施工方案;
6) 检查承包商的现场质量管理体系和管理环境;
7) 控制施工工艺过程质量;
8) 验收分部分项工程和隐蔽工程;
9) 处置工程质量问题、质量缺陷;
10) 协助处理工程质量事故;
11) 审核工程竣工图,组织工程预验收;
12) 参加工程竣工验收。

建设工程项目由分项工程、分部工程和单位工程组成,工程项目的建设过程,则通过一道道工序来实现。工程项目实施阶段质量控制是从工序质量到分项工程质量、分部工程质量、单位工程质量的控制过程,从原材料的质量控制开始,达到完成各项工程质量目标为止的质量控制过程。为确保工程质量,对实施阶段的全过程进行质量管理监督、控制与检查,按照实施过程前后顺序将过程控制划分为事前、事中、事后质量控制,主要内容如图5-4所示。

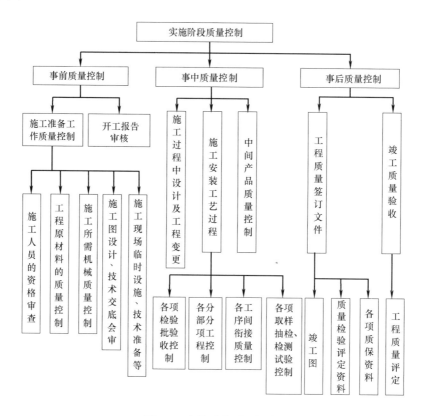

图5-4 实施阶段质量控制

2. 质量控制风险识别

建设工程项目质量的影响因素中,有可控因素和不可控因素;这些因素对项目质量的影响存在不确定性,这就形成了建设工程项目的质量风险。在项目实施的整个过程中,对质量风险进行识别、评估、响应及控制,减少风险源的存在,降低风险事故发生的概率,减少风险事故对项目质量造成的损害,把风险损失控制在可以接受的程度,是项目质量控制的重要内容。表5-6列举了质量控制的风险识别。

质量控制风险识别 表5-6

风险	内容
自然风险	包括客观条件对项目质量的不利影响和突发自然灾害对项目质量造成的伤害
技术风险	包括现有技术水平的局限和项目实施人员对工程技术的掌握、应用不当对项目质量造成的不利影响。不成熟的新结构、新技术、新工艺、新材料的应用

续表

风险	内容
管理风险	质量管理体系存在缺陷,组织结构不合理,工作流程组织不科学,任务分工和职能划分不恰当,管理制度不健全
环境风险	包括项目实施的社会环境和项目实施现场的工作环境。如腐败现象和违法行为;空气污染、水污染、光污染和噪声、固体废弃物等

3. 风险防范措施

常用的质量风险对策包括风险规避、风险减轻、风险转移、风险自留及其组合等策略,具体如表5-7所示。

质量风险防范措施　　　　表5-7

对策	内容
规避	依法进行招标投标
	正确进行项目的规划选址
	合理安排施工工期和进度计划
减轻	制定和落实有效的施工质量保证措施
	制定质量事故应急预案
转移	分包转移
	担保转移
	保险转移
自留	无计划自留
	有计划自留

5.6 项目进度控制的风险管理

建设项目进度控制是指工程项目在建设过程中,为了在施工合同约定的工期内完成工程项目建设任务而开展的全部管理活动的总称,它包括进度计划的跟踪与检查、进度计划控制以及进度计划调整等一系列工作。

1. 进度控制的内容

建设工程总进度目标是指整个项目的进度目标,它是在项目决策阶段项目定义时确定的,工程进度控制的依据是项目决策阶段所确定的工期以及建设工程施工合同所约定的工期目标。在确保工程质量和安全并符合控制工程造价的原则下控制进度,应采用动态的控制方法,对工程进度进行主动控制。

全过程工程咨询单位的进度控制过程应符合下列规定:
(1)将关键线路上的各项活动过程和主要影响因素作为项目进度控制的重点;
(2)对项目进度有影响的相关方的活动进行跟踪协调。

为了完成实施阶段进度控制工作,项目全过程工程咨询单位的专业咨询工程师(监理)需要做好以下工作:

1) 完善建设工程控制性进度计划；
2) 审查承包商提交的施工进度计划；
3) 协助投资人编制和实施由投资人负责供应的材料与设备供应计划；
4) 组织进度协调计划，协调各方关系；
5) 跟踪检查实际施工进度；
6) 研究制定预防工期索赔的措施，做好工期延期审批工作等。

2. 进度控制程序

项目实施阶段进度控制程序如图 5-5 所示。

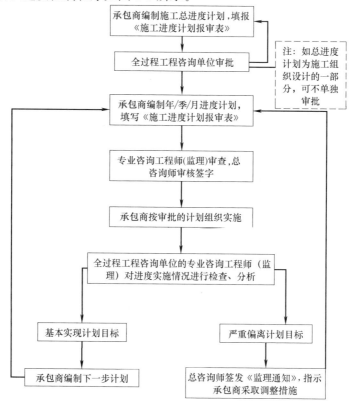

图 5-5　实施阶段进度控制

3. 进度控制的风险

在施工过程的进度计划执行过程中，实际的进度和计划进度之间往往存在着差异，这种差异就是施工进度风险的来源。

如果工程施工的进度相较于计划进度超前，则这种差异一般是因为一些工序施工的进度过快，这种现象将会导致资源的使用状况出现变化，进而增加整体工程施工风险。

如果工程施工的进度相较于计划进度存在滞后的情况，则很可能使整体工程进度延误，如果出现偏差的工作是关键性工作，则这种影响最大，往往会使我们对原定的进度计划进行调整。

工程施工项目进度风险管理是在一定的工期之内，以之前制定的工程进度为依据，对工程进行全面监督、检查，并对其中的行为过程进行指导和纠正，其进度风险具体内容如表 5-8 所示。

工程施工项目进度风险　　　　　　表 5-8

风险类型	内容	具体分析
资源风险	人工风险	劳动生产率降低
		人员减少
		管理者不胜任工作
		开工准备不足
	材料风险	材料短缺
		材料不合格
	设备风险	
地质、地理风险	与勘察资料不符	
气候风险	降雨、冰冻等气候因素	
施工工艺风险	技术规范要求不合理	
政治风险	战争和内乱	
	制裁与禁运	
	工程所在国的风俗习惯	
意外事故风险		
工程变更风险	设计变更风险	
	工程量变更风险	
拆迁风险		

4. 风险防范措施

为了防止可能出现的因素对工程造成影响,可采用表 5-9 所列的风险防范措施。

进度风险防范措施　　　　　　表 5-9

措施	内容
尽量避开极端天气的影响	经常保持与气象部门联系,掌握气象条件和汛期情况。做好对恶劣天气的预防措施,减少其对工期的影响;根据气候情况做好交通安全预防工作和材料运输工作
正确选择施工方案,合理布置施工现场	采用先进的施工方法和施工工艺,开展合理化建议活动,推广新工艺、新技术;组织均衡生产,做好现场调度工作,保证各大工序按计划目标完成施工任务
加强材料管理	加强材料的采购、运输、收发、保管等方面的工作,确保材料供应的质量和数量,避免因材料问题造成窝工及返工;合理堆置现场材料,组织分批进场
加强施工安全、质量控制力度	经常开展安全质量检查活动,进行评比、总结,发现问题及时处理,防患于未然

5.7 项目成本控制的风险管理

1. 项目成本构成

建设项目成本构成一般如图 5-6 所示。

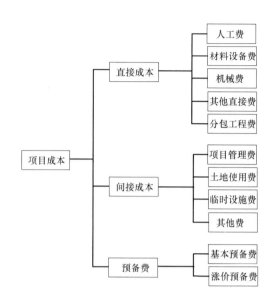

图 5-6 建设项目成本构成

2. 成本控制风险

对于建设项目成本风险分析，主要可以从表 5-10 所列的几个方面开展。

建设项目成本风险 表 5-10

风险类型	内容	具体分析
自然环境风险	气候变化	尤其是指恶劣的气候或气象条件的出现给工程施工带来不便，影响工程进度，从而导致成本变动
	地质条件变化	主要指不明地质情况，在工程开工前，很难预测所有的地质情况，如地下情况、障碍物、污染物处理等。不明地质情况的处理增加了工作量，可能会产生工期损失、成本增加
	现场条件困难	基础设施对于工程建设项目的投资具有重要影响，现场条件就是工程项目的基础设施之一，是相当重要的工程施工条件
社会环境风险	政策多变	在一些法律观念或法规不健全的国家，政府常常以令代法。可能会因为一些全局利益而采取一些带有全局性的决策，这些全局性的政策很可能会使个别项目产生损失
	政局不稳	政局不稳对经营活动是一大威胁。特别是在某些发展中国家，政府换届对周期较长的项目而言是很大的风险因素。良好的社会秩序是项目顺利完成的保障条件
	社会治安混乱	如果当地治安混乱，偷盗成风，可能造成人员伤亡、财产损失，则项目管理人员不得不采取相应的保卫措施，这也加大了项目的成本预算
经济环境风险	通货膨胀	
	外汇浮动	
	物价上涨和价格调整	

3. 成本风险防范措施

项目成本风险防范措施的目的就是要把由风险因素引起的项目成本超支降至最低。它是通过两条基本途径来处理风险的,其一,通过实施各种风险控制手段和措施,力图在风险发生之前积极实施抢救与补救措施,将由风险而导致的成本超支减少到最低程度。其二,当风险事件发生后,运用财务手段和其他措施,迅速对项目损失进行充分有效的经济补偿,在尽可能短的时间内,排除直接损失对项目正常运营的干扰,从而减少间接损失。本书提出了几种风险对策,如表5-11所示。

成本风险应对措施 表5-11

措施	内容
加强法制建设和建设项目的前期论证	一方面,加强建筑市场的法制建设,目的就在于减少或避免承包商在项目成本管理过程中可能遇到的风险,且当风险一旦发生,可借助法律手段弥补损失。另一方面,加强建设项目的前期论证工作,如项目的可行性研究、原材料的来源等,可以减少或避免影响项目成本的人为风险
加强合同谈判	风险出现与否,何时出现是随机的,承包商应在成本计划中充分考虑,在合同中予以详细具体地规定,以防止意外风险发生和独立承担风险
加强技术管理	在项目实施过程中,应采取有效的技术组织措施减少或避免风险,从而降低项目成本。如采用价值工程等科学方法对施工方案进行充分的比选和论证,加强项目的动态管理等,以减少或避免由于承包商的主观原因所带来的各种风险
加强索赔管理,减少或弥补损失	由于建筑施工过程的难度和复杂性大,在项目实施中,管理上的失误往往在所难免,而这些失误可能很多是由承包商非自身原因造成的,但却给承包商增加了额外损失,这时承包商就可以利用索赔手段,减少或弥补损失
利用技巧,分散和转嫁风险	分散和转嫁风险的技巧主要有3个:①将一些风险较大的条款转嫁给业主,以减少承包商自身的风险;②将一些风险较大的分项工程分包出去,向分包商转嫁风险;③将风险转嫁给保险公司,采用支付一定保险费用的方法转嫁可能遇到的巨大风险

5.8 工程项目安全风险管理

1. 安全风险识别

工程项目安全管理是项目工作的重中之重。管生产必须管安全,生产必须安全,安全促进生产,只有协调好安全与生产的辩证关系,才能保证"安全第一,预防为主"的方针落到实处。表5-12列举了工程项目中常见的安全风险。

工程项目中的安全风险 表5-12

风险类型	内容	具体分析
人为风险	安全意识	管理、作业人员思想意识差
		作业人员违章作业
		工作态度不端正
	技能水平	作业人员技术水平并不熟练
		作业人员受教育水平低

续表

风险类型	内容	具体分析
人为风险	身体精神	作业人员身体状况不佳
		作业人员心理素质差
		作业人员工作强度太小
	专业技术水平	施工方案不合理
		专业技术人员工作经验少
机械和材料风险	机械准备	材料选择及到位情况
	钢构件质量	钢构件的强度和精度
	机械施工作业	机械运转情况
		电焊机作业情况
	材料堆放	钢构件堆放情况及废料情况清理
管理风险	组织管理	管理人员管理、监督方式
		沟通协调情况
		施工技术交底情况
	安全管理	安全监测系统情况
		安全教育培训情况
	技术管理	关键施工技术的选择情况
		临时用电符合规范要求情况
环境风险	自然环境	大风和极端天气
		洪水、地震等
		不良地质条件
	生活环境	粉尘情况
		噪声情况
		文明施工不良

2. 风险防范措施

在项目施工过程中,必须对识别、评价的风险进行风险处置,采取预防事故和规避风险的控制措施和方法,以消除或者减少风险、减少经济损失,表5-13列举了常见的安全风险防范措施。

安全风险防范措施　　　　表5-13

措施	内容
加强各方面协调,强化风险意识	建筑工程项目管理的各级管理人员,必须树立高度的风险意识和危机意识。面对复杂多变的建筑市场形势,要时刻保持清醒的头脑,把可能产生的方方面面的风险,提前分析透彻,做好风险预测
强化项目管理,降低管理风险	风险控制能力,是衡量一个企业管理水平高低的重要因素。因此,强化管理,提高管理水平,不仅能够有效地抵御风险,还能最大限度减小风险造成的损失

续表

措施	内容
密切联系市场、加快信息化进程	建筑工程建设的发展离不开准确的市场信息,建设工程企业要发展壮大,必须走以信息化方式运作、规模化集团推进、专业队伍为主的具有特色的发展路子。只有形成信息、资产、人力、物力的规模效应,发展才会实现质的飞跃
以科学态度对待风险,以法律手段规避风险	工程项目管理中的风险是大量存在的,但其产生和消除也是有规律的。虽然风险是客观存在的,任何风险只要预防得力,一般都能化解或规避,即使出现也将损失减小到最低程度

5.9 本章总结

1. 建设工程项目施工风险管控的关键意义

针对建设工程项目来说,施工风险管控指的是对工程项目在实际开展期间产生的风险问题,做出管控和防范,主要针对的是施工企业必然会遇到的一些问题。然而,施工风险管控工作的落实目的在于帮助建设项目获取更多的资金效益和社会效益。通常情况下,施工风险管控工作涵盖了分析风险问题、测评风险问题、处理风险问题等相关内容。换言之,为了可以提升工程项目风险管控效果,企业除了应该辨别出风险问题的类别和实际产生情况外,还需要分析出在开展后续施工活动中可能会突遇的风险问题,还应当将风险问题所诱发的后果推测出来。除此之外,施工风险管控工作,是工程管理工作中不可缺少的关键组成部分,施工企业要想得到预期的效益目标,就一定要选用针对性强的防范措施,以降低施工风险问题产生的可能性。防范施工安全问题是风险管控工作的核心内容。

2. 建设工程项目施工阶段风险因素

工程项目的建设是一个复杂的系统工程,事先不能确定内部和外部的各种干扰因素。项目进行中众多的不确定因素将直接影响工程建设的顺利进行,有时甚至会造成工程建设的中断或报废,造成巨大的人员伤亡和经济损失。而在工程建设过程中,施工阶段的风险最大,由此施工阶段的风险预测管理显得极为重要。表5-14列举了施工阶段常见的风险。

建设工程项目施工阶段风险　　　　表5-14

风险因素	具体表现	风险因素	具体表现
项目业主风险	盲目干涉	政府风险	政府信用
	澄清问题不及时		上级部门的干预不当
	资金筹措不力	自然风险	恶劣的施工现场条件
	项目变更过多		恶劣的气象条件
	施工图纸、资料不完善		未能预测到的特殊地质条件
	预算不准确		地质环境复杂
	施工报建不及时	项目本身风险	工期紧
政府风险	政策法规的变化		施工现场条件复杂
	环保法律法规的限制		技术结构复杂

续表

风险因素	具体表现	风险因素	具体表现
项目本身风险	分包商众多	施工单位风险	人、材、机供应不及时
	突发事件处理不及时		对现场缺乏检查
	缺乏专业咨询		施工计划不完善
施工单位风险	施工管理能力不足		缺乏安全意识
	落后的施工工艺		

3. 建设工程项目施工阶段风险的防范措施

（1）完善施工图纸与资料

设计单位在进行施工图纸设计时，可能会对现场勘察不完整、不详细，或者施工单位在施工现场出现临时变动，这些因素会使施工不能够顺利进行。为了防止这类风险，施工人员应做好施工前准备，仔细审查施工图纸，对其中不完善的部分进行标注，对设计中出现的失误等不正确的地方，向设计单位说明情况，及时做出改正。视情况需要召开商讨会议，请各方人员对所标注的错误进行修改。

（2）节流开源，加强资金筹措渠道的拓展

资金筹措困难是项目业主面临的一大难题，而资金是项目周转与正常运行不可或缺的组成部分。在目前的市场形势下，紧缩正常与产能过剩使得建设工程项目进入到一个艰难的时期。建设工程项目传统的融资方式已逐渐不能满足目前需求，项目资金受到了严重影响。为了使项目可持续发展，必须积极进行融资模式改革，创造新形式的融资模式，具体模式可以采用：①合作开发，吸引外部资金；②降价促销，快速回款等。

（3）成立专门的政策研究部门

在建设工程项目中，政府风险主要来源于政策变化。政策发生变化可能会使得建设工程项目出现其他各类风险。目前，我国经济发展方式正在发生变化，房地产对经济发展的作用使政府对房地产出台的政策不断升级与细化，对土地价格和房价调控力度也不断加大，以期土地价格和房价重回合理状态，因此，要想有效把握房地产政策的调整方向，就必须加大力度对这些政策进行研究，这样才能正确、及时地调整建设工程项目开发方向。建设工程项目应该设有专门的政策研究部门，及时且准确地识别来自政府的风险，这样可以帮助建设工程项目在政府政策发生变化时能够第一时间做出有效反应，最大限度地避免政府风险给建设工程项目带来的危害。

（4）采用绿色施工，保护环境健康

环保法律法规的限制使得建设工程项目在施工过程中需要考虑环境的承载力，而采用绿色施工技术，可以最大限度地减少环保法律法规带来的风险。绿色施工区别于传统的施工方式，它要求一个项目在施工阶段采用动态管理方式，对施工阶段各个环节加强监督与管理，如：施工前准备、施工技术设计、施工现场等环节使整个工程项目拥有良好的绿色施工环境。根据工程项目具体特点，对项目施工人员进行绿色施工宣传，使作业人员产生绿色意识，可参考以往绿色施工的经典案例，总结绿色施工方式，进而积累绿色施工经验。对施工人员定期进行教育学习和作业培训工作。制定绿色规章制度，大力宣传"绿色施工"，增强全员"绿色施工"意识，提高全员综合素质，使每个施工者和管理者从自我做起,自觉爱护施工现场的一草一木,节约用水、用电、用纸,不乱扔废弃物,保持现场环境整洁。工程项目施工现场要倾听各相关方意见,在施工开始前向当地环保部门申请进行审查,审查通过后再进行施工。此外,为了能够使绿色施工更有保障,应定期向环保部门申请监督指导。

(5) 预防风雨天气

自然风险是建设工程项目施工中最常见的风险,自然风险因素相比于施工风险中的人为风险因素较少。有些建设工程项目可能在施工前已经对项目所在地的地质和气象等方面进行了调查,但针对这些自然风险,若缺乏有效的防范措施,其给项目带来的风险与损失将是巨大的。因此我们应从施工前和施工过程两个方面加强应对自然风险的防范措施。有些项目不可避免地会出现在我国风雨的多发地带。此类项目在进行施工前,项目部应对当地的自然条件进行严格考察,并做好各种防范自然风险突发的应对措施。必要时要建立专门的自然风险应对部门,专门针对气象风险进行管理,以备不时之需。在工程项目施工阶段,一旦出现狂风、暴雨等恶劣的气象条件,施工现场的所有人员应立即撤出施工场地,在安全区域等待天气好转,确定无威胁再进入施工现场,并做好对施工现场材料、施工设备等的保护工作。

(6) 制定突发事件应急方案

为快速、妥善地处理工程项目中的施工突发事故,工程项目应做好各种应急工作,能够保证对遇到危险的人员进行及时救助。尽可能地减少突发事故对人员造成的伤亡、对财产造成的损失以及对社会造成的危害。根据《中华人民共和国安全生产法》《建设工程安全生产管理条例》以及国家有关部门和市政府的有关要求,结合建设工程项目实际,制定相应预案,形成有效的应急体系,一旦突发事件发生,要能够第一时间联系到第一责任人,并启动相应的防范补救措施。

5.10 案例分析

1. 项目概况

郑州市某高层建筑工程主要由 1 栋 23 层塔楼、1 栋 5 层裙房及 2 层地下车库组成。建筑高度为塔楼 99.3m,裙楼 31.55m;总建筑面积为 95508.79m^2,其中地上建筑面积为 62451.50m^2,建筑基底面积为 5010.49m^2。本工程基坑深度为 8.4~8.9m。工程设计等级为一级;设计使用年限为 50 年;高层建筑类别为一类;耐火等级为一级;防水等级:地下防水等级为二级,屋面防水等级为一级,外墙防水等级为一级;抗震设防烈度为 7 度;建筑结构选型:框架-剪力墙结构,部分为型钢混凝土组合结构;基础形式:采用桩基筏板基础。外墙:玻璃幕墙、铝板幕墙、石材幕墙、雨篷构件外包铝板。现场安排 3 台塔式起重机(一台 QTZ6012、一台 QTZ6513 和一台 QTZ5510)。本工程施工时间较长,要经历雨期、冬期施工,总工期为 1198 个日历天。

2. 危险性较大的分部分项工程

危险性较大的分部分项工程如表 5-15 所示。

危险性较大的分部分项工程表　　表 5-15

分部分项工程名称	分部分项工程具体情况
基坑支护及土方开挖	基坑开挖深度为 8.4～12.4m,地质为砂土,第四层土质为粉质黏土,支护困难,专项方案需通过专家论证
模板工程及支撑体系	塔楼 1 层大堂层高达 10.45m,裙楼 1、4 层部分房间层高达 10.45m,专项施工方案需通过专家论证
	塔楼 1 层组合楼板,裙楼 1、4 层部分房间为型钢混凝土结构和钢结构,专项方案需通过专家论证
	裙楼落地式外脚手架高 32m
脚手架工程	玻璃、石材、铝板幕墙施工需使用脚手架
	主体施工需使用脚手架
	玻璃、石材、铝板幕墙施工方案需通过专家论证

3. 工作分解结构

经过前述分析,将高层建筑施工全过程分解为地基与基础工程施工阶段、主体结构工程施工阶段、装饰装修工程施工阶段、安装工程施工阶段 4 个阶段进行——分解,地基与基础工程主要分成 4 个部分,包括基坑降水、基坑支护、土方开挖以及桩基施工;主体结构工程施工主要分成 5 个部分,分别为钢筋工程、模板工程、混凝土工程、垂直运输系统和脚手架工程;装饰装修工程主要分成两个部分,包括抹灰工程和幕墙工程;安装工程主要分成两个部分,包括给水排水系统和电气系统。具体高层建筑施工全过程工作分解树如图 5-7 所示。

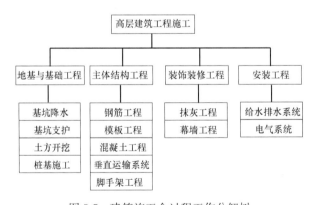

图 5-7　建筑施工全过程工作分解树

4. 风险分解结构

风险主要来源于人员风险、机械设备风险、技术风险、管理风险以及环境风险 5 大方面。其中人员风险主要分为 4 个部分,包括工人自身安全意识薄弱、专业技术工人比例低、部分工人无证上岗以及作业人员身体状况不佳等;机械设备风险主要分为 5 个部分,包括材料设备的检测验收不过关、机械设备超负荷工作、机械设备陈旧、大型机械检查维护不到位以及安全防护设备不合格等;技术风险主要分为 4 个部分,包括施工技术不完备、未按方案进行施工验收、设计缺陷以及新技术工艺方法不能实现等;管理风险主要分为4个部分，包括安全操作规范不完善、安全教育培训不到位、安全警示标志不到位以及突发事故应急处理不及时等；环境风险主要分成3部分，包括自然环境恶劣、施工现场周边环境不佳以及施工现场工作环境不佳等。

复习思考题

1. 简要概述招标文件的编制内容。
2. 简述项目在勘察设计阶段的风险及应对措施。
3. 简述项目在施工阶段的风险及应对措施。
4. 简述项目在质量控制的风险及应对措施。

第6章

建设项目竣工阶段咨询控制与风险防范

本章学习目标

本章是全书重点章节,通过本章的学习,学生需要掌握建设项目竣工阶段咨询控制与风险防范的相关工作,理解掌握各项竣工工作的风险防范及管理。

重点掌握:项目竣工验收的风险管理、项目竣工结算的风险管理、项目竣工决算的风险管理。

一般掌握:项目竣工验收计划、项目竣工质量初验、项目竣工资料管理、项目移交的风险管理。

本章学习导航

本章学习导航如图 6-1 所示。

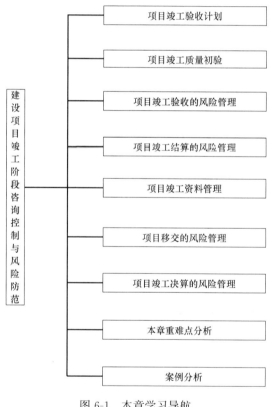

图 6-1 本章学习导航

6.1 项目竣工验收计划

1. 竣工验收收尾计划的实施

(1)全过程工程咨询单位应建立项目收尾管理制度及编制竣工验收计划。工程收尾及竣工验收包括:工程竣工验收准备、工程竣工验收、工程竣工结算、工程档案移交、工程竣工决算、工程责任期管理。项目管理机构应明确项目收尾管理及竣工验收的职责和工作程序。

(2) 依据项目竣工验收收尾计划检查工程按计划实施情况。可分成两条线检查，一是检查项目现场施工预验收、专项验收、分户验收等的实施进度情况，主要为落实工程实体的收尾工作；二是检查项目参建单位竣工资料整理，进行工程资料档案预验收的进度情况。

(3) 工程竣工验收工作按计划完成后，承包商应自行检查，根据规定在监理机构组织下进行预验收，合格后向发包商提交竣工验收申请。工程竣工验收的条件、要求、组织、程序、标准、文档的整理和移交，必须符合国家有关标准和规定。

(4) 住宅工程质量分户验收，是指建设单位组织施工、监理等单位，在住宅工程各检验批、分项、分部工程验收合格的基础上，在住宅工程竣工验收前，依据国家有关工程质量验收标准，对每户住宅及相关公共部位的观感质量和使用功能等进行检查验收，并出具验收合格证明的活动。

(5) 工程竣工验收前应完成以下专项验收内容

1）人防工程竣工验收；

2）建设工程消防验收；

3）建设工程规划验收；

4）室内环境质量验收；

5）环境保护设施验收；

6）建筑节能专项验收；

7）电梯安装监督检验；

8）防雷装置竣工验收；

9）幕墙工程专项验收；

10）建设工程档案专项验收。

(6) 工程竣工验收前应完成以下配套工程验收内容：

1）市政道路：路口与小区路口衔接施工；

2）雨污水工程：小区排污管道接入市政管道；

3）给水工程：小区给水点接入及水表安装；

4）供配电工程：小区供电接入及电表安装；

5）燃气工程：天然气管道接入及天然气表安装；

6）通信网络工程：小区通信光纤接入；

7）有线电视工程：有线电视接入；

8）室外园林绿化工程。

(7) 项目竣工验收收尾工作应符合项目竣工总目标要求和项目竣工分目标要求。

1）项目竣工总目标要求包括：全部收尾项目完成，工程符合竣工验收条件；工程质量经过检验合格，且质量验收记录完整；设备安装经过试车、调试，具备试运行条件；建筑物四周规定距离以内达到工完、料净、场清；工程技术经济文件收集、整理齐全等。

2）项目竣工分目标要求包括：建筑收尾落实到位；安装调试检验到位；工程质量验收到位；文件收集整理到位等。

(8) 发包商接到工程承包商提交的工程竣工验收申请后，组织工程竣工验收，验收合格后编写竣工验收报告书。

(9) 工程竣工验收后,承包商应在合同约定的期限内进行工程移交。

2. 竣工验收工作原则和要求

(1) 建设工程项目的质量验收,主要是指工程施工质量的验收。建筑工程的施工质量验收应按照《建筑工程施工质量验收统一标准》GB 50300—2013进行。该标准是建筑工程各专业工程施工质量验收规范编制的统一准则,各专业工程施工质量验收规范应与该标准配合使用。正确地进行工程项目质量的检查评定和验收,是施工质量控制的重要环节。

(2) 施工质量验收包括施工过程的质量验收及工程项目竣工质量验收两个部分。

1) 工程项目竣工质量验收,应将项目划分为单位工程、分部工程、分项工程和检验批进行验收;

2) 施工过程质量验收,主要是指检验批和分项、分部工程的质量验收。

(3) 检验批和分项工程是质量验收的基本单元,分部工程是在所含全部分项工程验收的基础上进行验收的,在施工过程中随完工随验收,并留下完整的质量验收记录和资料。单位工程验收是指具有独立使用功能的完整的建筑产品的质量验收过程。

(4) 检验批质量验收合格应符合下列规定:

1) 主控项目的质量经抽样检验均应合格;

2) 一般项目的质量经抽样检验合格;

3) 具有完整的施工操作依据、质量验收记录。

(5) 分项工程质量验收合格应符合下列规定:

1) 所含检验批的质量均应验收合格;

2) 所含检验批的质量验收记录应完整。

(6) 分部工程质量验收合格应符合下列规定:

1) 所含分项工程的质量均应验收合格;

2) 质量控制资料应完整;

3) 有关安全、节能、环境保护和主要使用功能的抽样检验结果应符合相应规定;

4) 观感质量应符合要求。

(7) 工程符合下列条件方可进行竣工验收:

1) 完成工程设计和合同约定的各项内容;

2) 施工单位在工程完工后对工程质量进行了检查,确认工程质量符合有关法律、法规和工程建设强制性标准,符合设计文件及合同要求,并提出工程竣工报告,工程竣工报告应经项目经理和施工单位有关负责人审核签字;

3) 对于委托监理的工程项目,监理单位对工程进行了质量评估,具有完整的监理资料,并提出工程质量评估报告,工程质量评估报告应经总监理工程师和监理单位有关负责人审核签字;

4) 勘察、设计单位对勘察、设计文件及施工过程中由设计单位签署的设计变更通知书进行了检查,并提出质量检查报告,质量检查报告应经该项目勘察、设计负责人和勘察、设计单位有关负责人审核签字;

5) 有完整的技术档案和施工管理资料;

6）有工程使用的主要建筑材料、建筑构配件和设备的进场试验报告，以及工程质量检测和功能性试验资料；

7）建设单位已按合同约定支付工程款；

8）有施工单位签署的工程质量保修书；

9）对于住宅工程，进行分户验收并验收合格，建设单位按户出具《住宅工程质量分户验收表》；

10）住房和城乡建设主管部门及工程质量监督机构责令整改的问题全部整改完毕；

11）法律、法规规定的其他条件。

（8）规模较小且比较简单的项目，可进行一次性项目竣工验收。规模较大且比较复杂的项目，可以分阶段验收。

（9）项目竣工验收应依据有关法规，必须符合国家规定的竣工条件和竣工验收要求。

（10）项目文件的归档整理应符合国家有关标准、法规的规定，移交工程档案应符合有关规定。

3. 工程竣工验收工作职责分工

（1）施工承包商应组织进行项目竣工收尾工作，组织编制项目竣工计划，报全过程工程咨询单位批准后按期完成。

（2）项目完工后，施工承包商应自行组织有关人员进行检查评定，合格后向全过程工程咨询单位提交工程竣工报告。

（3）全过程工程咨询单位应组织工程竣工验收。

（4）项目竣工验收后，承包商应在约定的期限内向发包商递交项目竣工结算报告及完整的结算资料，经双方确认并按规定进行竣工结算。

（5）项目竣工结算应由承包商编制，全过程工程咨询单位审查，报建设单位最终确定。

（6）全过程工程咨询单位应协助建设单位进行项目竣工决算。

（7）承包商应按照项目竣工验收程序办理项目竣工决算并在合同约定的期限内进行项目移交。

（8）全过程工程咨询单位应督促承包商根据保修合同文件、保修责任期、质量要求、回访安排和有关规定编制保修工作计划。工程质量保修书应确定质量保修范围、期限、责任和费用的承担等内容。

（9）在全过程工程咨询服务管理收尾阶段，全过程工程咨询单位应进行项目总结，编写项目总结报告，纳入项目档案。

（10）有创优要求的项目，施工单位应根据具体特点做好创优准备工作，并应根据工程创优、评比等需要，在开工前期（或项目管理策划时）对工程声像资料进行策划，并按照策划做好重点部位、隐蔽工程、重要活动等声像资料的制作、收集和保管工作。

4. 工程竣工验收及验收程序

施工单位完成施工合同内容并经监理单位组织预验收合格，完成各专项验收，完成住宅工程的分户验收后，向建设单位提交竣工验收申请。建设单位在提交验收申请 28 日内组织建设、勘察、设计、监理、施工单位进行竣工验收，工程质量监督部门参加工程竣工验收，竣工验收合格后 14 天内由建设单位出具竣工验收报告，若验收不合格，责令施工单位整改,再次重复验收程序。

6.2 项目竣工质量初验

1. 单位工程竣工初验程序

(1) 单位工程质量经施工单位预验自检合格后,填写《工程竣工报验单》上报项目监理部,申请工程竣工初验收;

(2) 总监理工程师组织对工程资料及现场进行检查验收,并就存在的问题提出书面意见,签发《监理工程师通知书》(注:需要时填写),要求承包商限期整改;

(3) 承包商整改完毕并合格后,总监理工程师签署《单位工程竣工预验收报验表》及《建设工程竣工验收报告》,提交建设单位;

(4) 勘察、设计单位检查并符合勘察、设计文件的要求后,勘察单位填写《勘察文件质量检查报告》,设计单位填写《设计文件质量检查报告》;

(5) 单位工程有分包商施工时,分包商对所承包的工程项目应按规定的程序检查评定,总承包商应派人参加。分包工程完成后,应将工程有关资料交总承包商。

2. 工程竣工初验要求

(1) 单位工程初验由监理单位组织,施工、设计和业主等单位参加。

(2) 对于商品住宅,由建设单位组织专家验收组成员进行商品住宅分户竣工质量验收核查。

(3) 工程项目竣工质量验收的依据包括:

1) 国家相关法律法规及住房和城乡建设主管部门颁布的管理条例和办法;

2) 工程施工质量验收统一标准;

3) 专业工程施工质量验收规范;

4) 批准的设计文件、施工图纸及说明书;

5) 工程施工承包合同。

(4) 单位工程是工程项目竣工质量验收的基本对象,竣工初验应以单位工程完工、经施工企业预验合格、工程基本达到竣工验收条件为前提,并应符合下列规定:

1) 所含分部工程的质量均应验收合格;

2) 工程质量控制资料应完整;

3) 所含分部工程有关安全、节能、环境保护和主要使用功能的检验资料应完整;

4) 主要使用功能的抽查结果应符合相关专业质量验收规范的规定;

5) 观感质量应符合要求。

3. 单位工程竣工验收初验

参加初验的人员应当按照各自的专业分工对工程实体进行认真检查,尤其是对一些常见的质量问题要重点检查。针对检查中发现的问题提出整改要求,明确整改方案和整改期限,并形成初验会议纪要。

初验后,施工单位应组织力量对初验发现的问题逐条进行整改,整改完毕后写出整改报告。监理单位应对整改过程认真进行监督,并确认每个问题都已整改落实后,方能在整改报告上签署意见,同意竣工验收,力争使工程实体质量问题在初验阶段得以全部解决。

竣工验收初验组织机构必须包括下列人员：
1) 建设单位：项目负责人及相关管理人员；
2) 监理单位：项目总监理工程师及相关专业监理人员；
3) 设计单位：项目设计负责人及相关专业设计人员；
4) 施工（含分包商）单位：项目经理及相关专业施工技术人员；
5) 其他有关单位（如检测鉴定单位）：项目负责人及相关技术人员。

4. 验收合格填写相关资料

(1) 单位工程质量经检查后，填写《单位（子单位）工程竣工验收记录》《单位（子单位）工程质量控制资料核查记录》《单位（子单位）工程安全和功能检验资料核查及主要功能抽查记录》《单位（子单位）工程观感质量检查记录》《分部（子分部）工程验收记录》等初验质量核查情况记录；
(2) 对于商品住宅，应由监理单位在《住宅工程分户质量验收表》中签署验收意见；
(3) 施工单位编制《建设工程竣工验收报告》报送监理单位、建设单位签署意见；
(4) 监理单位编制《工程质量评估报告》提交建设单位；
(5) 勘察单位编制《勘察文件质量检查报告》提交建设单位；
(6) 设计单位编制《设计文件质量检查报告》提交建设单位。

6.3 项目竣工验收的风险管理

1. 竣工验收阶段的内容

项目的竣工验收是投资由建设转入生产、使用和运营的标志，是全面考核和检查建设工作是否符合设计要求和工程质量的重要环节，是项目业主、合同商向投资者汇报建设成果和交付新增固定资产的过程。国家和省级政府主管部门对项目的竣工验收都有明确的规章制度和严格的条例。

竣工验收的内容随工程项目的不同而异，一般包括以下两个部分：
(1) 工程资料验收：工程技术资料、工程综合资料和工程财务资料验收。
(2) 工程内容验收：建筑工程验收和安装工程验收。

验收的方式为：单位工程竣工验收、单项工程竣工验收和全部工程竣工验收 3 种方式。

竣工验收阶段工程项目实体已完成，主要的工作是文件整理和验收工作。但这一阶段的工作质量影响后期项目的运行，同时这一过程涉及的单位和组织很多。这一阶段的风险管理主体，应是风险管理委员会或由工程项目的业主单位组建的风险管理小组。对风险的辨识应从文件资料的完整性、验收工作的可靠程度等方面进行辨识和评价，在此基础上制定风险管理计划并实施。

2. 竣工验收阶段风险管理的目标和任务

工程竣工验收阶段的风险管理目标包括：
(1) 识别本阶段的风险源、估计评价风险，通过采取恰当的防范和转移措施，使损失降到最低，使项目顺利转入生产阶段。

(2) 质询项目参与人,评价风险管理成功与失败经验,编写风险管理经验文件,建立风险管理档案,为以后项目的风险管理提供经验。

工程竣工验收阶段的风险管理任务包括:

(1) 识别、评估该阶段的风险,并采取有效的措施进行风险处置。

(2) 建立风险管理档案。

3. 竣工验收阶段风险管理的风险识别

竣工验收阶段风险管理的风险识别主要是以竣工验收资料、工程内容为对象,识别影响竣工验收资料完整性、准确性,建筑、安装工程符合性的风险,并确定出现风险对工程本身、利益相关者造成的影响,并将这些风险的特性整理成文档。

主要依据:

(1) 建设项目竣工验收的主要依据。包括上级主管部门对该项目批准的各类文件;可行性研究报告;施工图设计文件及设计变更洽商记录;国家颁布的各种标准和现行的施工验收规范;工程承包文件;技术设备说明书;建筑安装工程统计规定及主管部门关于工程竣工规定。

(2) 竣工验收阶段历史资料。主要是指类似工程在竣工验收阶段发现的风险,以及因竣工验收不合格而影响日后使用的风险等。

竣工验收阶段风险评估的过程如图 6-2 所示。

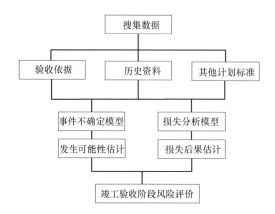

图 6-2 竣工验收阶段的风险评估过程

表 6-1 列举了竣工验收阶段的风险类型。

竣工验收阶段风险估计 表 6-1

风险类型	因素
工程质量风险	建筑物施工位置、标高等不符合要求
	基础工程中的土石方工程、砌筑工程等资料的审查验收不合格
	屋面防水验收工程不完善
	门窗工程审查不完善
日后维护和维修风险	初步设计、技术设计、关键的技术试验、总体规划设计不完备
	产品的技术参数、性能、图纸、工艺说明、工艺流程、工艺图纸等不完备

续表

风险类型	因素
费用增加风险	工程财务资料缺失
	工程财务资料不真实

4. 竣工验收阶段风险应对措施

(1) 工程质量风险应对措施

规范轴线桩或规范龙门板；应检查根底轴线和标高，上下水、暖气、通风管道及化粪池、检查井的标高、尺寸、坡高；砌体每层墙身轴线和皮数杆；模板尺寸、标高，预埋件、预留孔的结实性和质量；预制构件装置位置、型号、搭接长度、标高，加工大样图的外形、尺寸、数量、做法；变电、配电位置、上下压、电话、闭路电视、进出口位置、方向；设备根底地脚螺栓的位置、标高、尺寸。

(2) 日后维护和维修风险应对措施

1) 调度员根据月份生产计划，编制维修及配件、零件加工计划，按照进度要求，组织好生产。

2) 调度员必须根据机台、设备状态和维修人员技术情况，编制计划和进度表并及时检查和处理配件备品生产加工过程中的问题。

3) 调度员要将每月投产的备品配件生产准备情况及时向仓库汇报。

4) 定期召开设备会议，检查各设备维修任务完成情况和设备维修的质量状况，发现问题应及时调整。

(3) 费用增加风险应对措施

1) 制定成本费用控制标准，建立成本费用标准体系。成本费用标准是对各项费用开支和资源消耗规定的数量界限，是成本费用控制和成本费用考核的依据，并便于分清部门责任。成本费用控制标准种类繁多，要在实践中不断总结整理，使其形成有机的科学体系，以提高控制的实际效果。

2) 建立成本费用控制的组织体系和责任体系。即要由财务部门负责，在各个费用发生点建立成本费用控制责任制，定岗、定人、定责，并定期检查。对成本费用的形成过程严格按照成本费用标准进行控制和监督。

3) 建立成本费用控制信息反馈系统，及时准确地比较成本费用标准与实际发生的成本费用之间的差异，并将成本费用控制实施情况反馈到企业决策层，以便适时地采取措施，组织协调企业财务活动，圆满完成成本费用计划。

6.4 项目竣工结算的风险管理

当前的建筑工程项目大多具有工期长、投资大等特点，使建设过程中难免会存在各种不确定因素，如自然环境的变化、社会环境的变化以及其他一些人为因素的影响，给建筑项目的施工带来一定的风险。尤其是在工程项目的竣工验收阶段存在着各种风险，直接影响了资金的回笼，此阶段风险控制的好坏也决定了工程项目最终的经济效益情况。

1. 主要风险

施工工程经竣工验收合格后进入竣工结算阶段，因此，竣工结算常被称作项目管理的最后一道环节。然而，竣工结算所暴露的问题，通常不只涉及竣工结算时期的管理问题，而是与招标投标合同签订阶段、合同履行阶段和竣工结算阶段这3个阶段均相关。从这个意义上讲，竣工结算管理不单是最后一道环节，而是一项系统工程，不少施工企业都在探索全过程工程风险管控，加强预控能力。

表 6-2 列出了竣工结算阶段的风险。

竣工结算阶段的风险　　　　　　　　　　　　　　　　　表 6-2

风险	具体说明
竣工结算文件提交时间有误	工程合同结算条款会对结算编制和提交业主审核的时间做出明确要求，如果施工单位没有按时提交，就有可能影响其正常的权利，容易丧失结算的主动权
	一些合同中未明确约定结算期限，从签约项目开始便存在延期结算的风险
竣工结算文件资料不全、依据不充分	在工程竣工结算审核过程中，承发包双方会依据施工单位提交的结算资料进行审核，所以这些资料的完整性和真实合理性将会对结算的进程和结果有着直接的影响
竣工结算谈判工作的组织不到位	在工程项目的竣工结算中，谈判是一个必不可少的重要环节，谈判效果直接影响结算结果，而谈判前一系列组织和策划工作也是谈判效果好坏的重要决定因素，包括对谈判事项的熟悉程度、谈判时机的选择、谈判人员的选派、对谈判采取的策略等，有准备才能掌握或争取主动，而有的施工企业竣工结算谈判工作组织策划不到位，必将影响到结算的顺利进行
竣工结算周期漫长	由于施工单位结算资料积累不充分，或发包商（业主）有意拖延不处理，再加上留待最终结算审核敲定的事项太多，都可能导致结算延期。增加了工程尾款回收的风险，还有可能因为工程后期业主相关管理人员的人事变动而增加结算风险，如需要对以往确认的项目进行重新审核，甚至否定等
结算错误，造成经济损失	在结算资料的收集过程中出现遗漏，或某些项目的单价取值错误等，均会导致计算错误，这些都会直接影响竣工结算的总额，可能给施工单位带来经济损失

2. 风险控制及防范对策

表 6-3 为竣工结算阶段的风险控制及防范对策。

竣工结算阶段的风险控制及防范对策　　　　　　　　　　表 6-3

防范对策	具体分析
加强施工合同管理	施工合同是进行工程预结算的主要依据，它明确了甲乙双方的权利和义务，确定工程款支付方式、索赔要求、结算方式等。在签订施工合同时，应合理确定报送竣工结算文件的时间及审核结算的期限，如可在合同里面规定："发包人收到竣工结算文件后，在约定期限内不予答复，视同认可竣工结算文件"，也可按照《建筑工程施工发包与承包计价管理办法》进行处理。从合同签订的源头上规范结算和审核期限，规范双方的结算行为。施工单位在签合同后，应组织项目班子成员进行合同交底，尤其对合同的签证方式、变更签证如何办理等涉及相关经济内容的条款，应进行仔细研究。施工企业应根据自身的能力，预测合同风险，预防施工合同的管理漏洞。对于较苛刻的施工合同，应采取措施予以应对

续表

防范对策	具体分析
做好施工阶段价款结算管理	在施工阶段，施工单位应注意及时、准确、全面地收集相关的结算文件和资料，结算文件主要包括工程施工合同、招标投标文件、中标通知书、施工组织设计方案、施工图纸及其会审记录、原始票据、施工记录、设计变更资料、工程索赔签认记录、现场工程师指令、工程停复工记录、竣工图、竣工验收单等，应及时按照规定程序编制和送交监理和建设单位审批，并要求发包商依法签收。工程价款结算方式有按工程分段完成工作量结算、按月完成工作量结算、按累计完成工程量结算，不管是哪种结算方式，在向建设单位申请结算时，施工企业内部的财务部门和工程管理部门都应做好内部审查，避免结算资料错误导致少结算，或给结算的手续带来麻烦
精心策划谈判工作	谈判前应做好充分的准备，应对谈判的内容有一个全面、详细的了解，尽量选择熟悉谈判内容以及有胜算把握的人员进行谈判，并根据谈判内容制定恰当的策略，掌握谈判的主动权，保证谈判的质量。谈判过程中应灵活，善于捕捉有利信息，要把握好谈判的底线，尽可能地争取最好的谈判结果
严格做好竣工结算各个环节的把关	竣工结算文件应做到详细全面、仔细清楚，在递交竣工结算文件前应做好内部审查工作，防止出现漏项而减少项目的应得收入；应核对合同条款，保证按合同要求完成全部工程并经验收合格，还应保证按照合同约定的结算方法、取费标准等编制结算文件；落实好设计变更签证，确保变更签证手续正确，资料齐全；认真核实单价，注意各项费用计取，以严谨、科学、客观、公正的精神，认真审查结算资料，尽量避免在结算阶段与建设单位发生经济纠纷

总之，工程项目竣工结算过程风险防范是多方面的，施工单位除了加强自身的结算管理之外，还应注意处理好同业主（发包商）、设计单位、监理单位等其他相关方人员的关系，建立平等互信、友好协作的良好合作关系，减少各种纠纷，规避人为因素引起的风险，为竣工结算提供便利。

6.5 项目竣工资料管理

1. 施工单位竣工资料管理的重要性

竣工资料是通过图纸、文字数据及影音图片等载体保留下来的即时行为记录，是宝贵的施工技术资料，它是一组有内在客观联系的文件与数据的总和。通过竣工资料，可以全面真实地记录施工活动，反映施工各个环节是否符合有关工程建设的法律法规、规程规范、技术标准和设计文件、工程合同等，表6-4列举了施工单位竣工资料管理的重要性。

竣工资料管理的重要性　　　　表6-4

内容	具体分析
提供技术分析的依据	对施工单位来说，工程竣工资料浸满施工人员的汗水，更是施工人员智慧的结晶，因此施工单位应充分利用竣工资料所涵盖的信息。工程项目的各分项工程质量验收规范中出现偏差的真实数据直接有效地反映了施工人员的操作水平，这些数据体现了理论分析与实际操作的区别，涵盖了实际生产中会发生的不可预见因素对生产的影响。如果对其采取科学的技术总结并及时反馈，有针对性地采取措施指导施工，可以提高工程施工质量和企业的专业性

续表

内容	具体分析
服务企业发展	"建一项工程,立一座丰碑",工程项目实体是丰碑,竣工资料就是记录功绩的碑文。竣工资料里涵盖的各种文件,是企业后期形象宣传和技术总结的资料来源,是奖项申报的重要支撑。竣工资料是展现企业面貌,服务企业发展最强有力的核心证明材料
反映企业的项目管理水平,树立良好企业形象	对施工单位而言,为保证企业的竞争力,不仅要有先进的技术能力,还应有优秀的项目管理水平。建设单位对竣工资料的质量、内容都有要求,施工单位不应停留在被动地接受建设单位的要求,应建立起自己的管理体系,加强自身竞争力
解决竣工后纠纷的依据	项目建成后若发生事故,竣工资料是事故分析的重要资料,是确定事故责任人真实可靠的依据,且也有利于企业自查和进行事故分析,对于隐蔽工程和建成后不易检测的项目具有不可替代的重要性。施工单位做好竣工资料的管理,有助于其全面掌握事故情况,在事故责任划分时占据主动地位,规避部分风险

2. 施工单位竣工资料管理现状及问题分析

表6-5列举了施工单位竣工资料管理暴露的一些问题。

竣工资料管理现状及问题分析 表6-5

问题	具体分析
竣工资料编制不及时、收集不全面	由于对竣工资料的重视程度不够,多数施工单位在项目建设过程中,没有编制竣工资料的管理办法;为降低成本,未设置竣工办公室或专职竣工资料管理员。兼职人员做这项细致、长期的工作,既没有指导文件和充足的经验,也没有足够的时间和精力,必然造成收集的资料不全面、内容不规范
移交程序不规范	施工单位在项目竣工资料移交时,因接收人对工程项目的了解不全面、不透彻,难以因工程而异地对竣工资料做出具体要求。有时根据项目竣工资料移交人的要求放松对竣工资料的验收标准,或由于其他原因不严格按照对竣工资料的要求检查验收,移交的竣工资料可能就存在不完整、不规范的现象
竣工资料归档混乱	竣工资料内容繁多、数量巨大、整理周期长,在接收竣工资料后,无论是大型施工单位还是小型施工单位,其管理人员都很少登记、归档。大型施工单位承建项目多,竣工资料数量巨大,管理人员登记、归档的工作量太大;小型施工单位的竣工资料管理未形成规范,甚至并未设置专人做竣工资料管理工作。不对竣工资料进行登记归档,造成竣工资料混乱,容易遗失,一旦需要查找资料将非常不便
竣工资料借阅不正规	对于没有专职竣工资料管理员或档案管理者的单位,竣工资料的借阅常常十分随意。借出时不登记,归还时不核对,借阅之后竣工资料保持完整得不到保障。即便设有专职人员,在借阅归还时常常并未仔细核对是否有损坏和遗失,甚至借而不还,待下次查阅时发现资料缺失,也难以找回

3. 竣工资料管理建议

竣工资料管理建议如表6-6所示。

施工单位应清晰地认识到,竣工资料与实体工程是同样重要的。重视竣工资料的管理,形成体系化、全程化的管理模式,是做好这项工作的前提。在此基础上,对竣工资料进行科学、合理管理,在实际操作中积累经验,逐步优化管理方式,施工单位项目管理的总体水平才能日渐提升,成为市场竞争中的重量级砝码。

竣工资料管理建议 表6-6

建议	具体说明
建立竣工资料管理体系	建立并严格执行竣工资料管理体系,能保证归档文件材料及图纸内容的准确、齐全、规范,保证施工技术资料记录齐全、签署完备,原材料真实可靠。在项目点,合理设置竣工资料整编岗位或竣工办公室,成立以项目经理为第一责任人的竣工资料整编领导小组,根据竣工资料的类别明确责任人,通过激励机制促进相关责任人认真对待竣工资料整编工作,确保竣工资料管理得到足够的重视并有力展开;在企业机关,设置竣工资料管理岗,成立以总工程师为第一责任人的竣工资料管理领导小组,建立工程竣工资料归档总目录,确保移交到企业机关的竣工资料得到妥善保管和充分利用
做好在建过程中竣工资料的收集、整理	根据竣工资料管理体系和建设单位对竣工资料的要求及工程的具体特点,编制详细的竣工资料目录。在项目建设过程中,做到工程建设与资料整理同步进行,避免施工与资料整理脱节。通过建立过程控制奖罚制度,确保工程竣工资料高质量完成
严把关键环节	竣工资料的管理中,应特别注意关键环节的把关。竣工资料移交时,要严格按照竣工资料管理办法的要求进行检查。纸质版资料必须分类别、分项目、分阶段成册成卷,有电子版和纸质版的总目录和卷内目录,卷、册标题要清晰准确,电子版资料保存原件和备份。对竣工资料检查或抽查,确保重要资料完整、准确、签证完备,重点检查隐蔽工程验收记录和工程变更单的完整性。检查核对后,移交人和接收人需在有卷、册及电子文档清单的移交单上签字,同时注明缺损等情况
对比分析同类或相似工程	竣工资料是企业宝贵的施工记录资料,通过对多个同类或相似工程竣工资料的对比分析,企业可以从自身施工技术、经营管理等多个方面总结经验,并在此基础上展开过程优化。施工企业应充分利用竣工资料,提高单位的专业性和企业成熟度
优化竣工资料管理的方式方法	在科技迅猛发展的现代社会,信息技术已是工程行业管理必备的一项工具,在传统档案管理的基础上,施工单位应巧妙利用信息技术,力求做到信息化、无纸化档案管理。企业应对资料整编员信息化培训,使其熟练使用相关办公软件,高效完成竣工资料的编制工作;需移交业主的验收、签证等重要原始资料,必须扫描存档;重要节点的完成,影响工期、质量的施工现场实况等,可以通过声像文件记录
对国际工程的竣工资料严格管理	随着国际市场的逐步打开,施工单位接触境外工程的机会越来越多。国际工程与一般工程相比,往往还具有政治意义。在语言、文化差异大的背景下,国际工程的竣工资料管理将是施工单位面临的一个新难题。国际工程的竣工资料整编在国内项目竣工资料整编的基础上,还应注意语言的准确性,应仔细研究当地相关的规程规范及合同内容,最大限度地满足业主要求。竣工资料整编领导小组应对整编工作全过程严密监控,确保资料真实、完整,展现出我国施工单位先进的工程管理水平和良好风貌

6.6 项目移交的风险管理

项目移交是指全部合同收尾后,在政府项目监管部门或社会第三方中介组织协助下,项目业主与全部项目参与方之间进行项目所有权移交的过程。

1. 项目移交阶段的风险

表6-7列举了项目移交阶段的常见风险。

项目移交阶段的风险 表6-7

风险类型	具体分析
法律变更风险	当法律发生变更时,项目移交会存在一定风险。国家层面的法律变更和地方市政府层面的法律变更都会一定程度地出现合同中约定的移交内容不符合现行法律的情况,所以说法律变更会对项目移交造成影响

续表

风险类型	具体分析
政局稳定风险	政局稳定指的是政治局势稳定,是项目顺利开展的基础,也是项目移交的基础。因此,若政局稳定存在风险,则会一定程度影响项目移交
行业规定变化风险	建筑、交通、能源、农业等领域都有其相应的行业规定,是由我国各主管部、委(局)批准发布的。如果行业规定发生变化,可能造成项目合同规定的参与方的权利义务发生变化,从而对项目移交产生一定影响
政府诚信风险	政府诚信风险是指政府不履行或拒绝履行合同约定的责任和义务而给项目带来直接或间接的危害。在项目移交阶段,可能由于政府诚信风险而不验收应移交的资产、设备及文件等内容,对移交阶段造成一定程度的影响
腐败风险	项目移交阶段的腐败风险,主要是指政府官员或代表采用不合法的影响力要求或索取移交资产以外的不合法的财物,而直接导致项目公司的成本增加,同时也加大了政府在将来的违约风险
设备维护状况风险	在移交阶段移交项目设备前,应该进行设备维护维修,保证设备在移交阶段完好、运行良好,设备的频繁维护和维修都会带来成本增加,从而在一定程度上影响项目移交
文件合同冲突风险	文件合同冲突具体指合同文件出现错误、模糊不清、设计缺乏弹性、文件之间不一致等情况。文件合同冲突风险具体包括风险分担不合理、责任与义务范围不清等风险,这些在项目移交阶段都会导致因合同冲突造成合同方就移交资产、移交标准、移交条件等内容互相扯皮、推诿现象
违约风险	政府违约主要由于合作方地位不对等,也有因为政府诚信问题造成的违约;社会资本和第三方违约主要是由于政府监管能力不高导致的。违约风险的产生甚至可能会导致合同终止移交
通货膨胀风险	通货膨胀风险是指因物价总水平的上升所带来的货币购买力下降、投资成本上升的风险。通货膨胀风险会使得原材料价格和员工工资上涨,这就会导致项目建设成本和运营成本的上涨。通货膨胀风险一般都会通过在协议中设置调价条款来进行防范,但如果调价比例跟不上成本上涨的比例,项目的利益仍会受损。而调价比例的合理设置则需要精确预估未来的通货膨胀,而这是比较困难的。所以通货膨胀风险也是项目移交阶段一大影响因素
残值风险	残值风险是指项目在移交时其价值远低于预期,这可能是因为项目本身质量未达到预期标准,或者是项目设施在运营期间没有被合理地使用,还可能是因为市场需求变化导致项目内在价值的降低
移交资产不达标风险	项目在合作期满/合作期提前交付移交的资产不满足移交权利和技术两方面的条件和标准(权利方面的条件和标准:项目设施、土地所涉及的任何资产不存在权利瑕疵,其尚未设置任何担保及其他第三人的权利;技术方面的条件和标准:项目设施应符合双方约定的技术、安全和环保标准,并处于良好的运营状况),即移交资产不达标,这在一定程度上会影响项目资产移交
转让风险	项目移交阶段除了有设备、资产、资料文件等的移交,还有项目相关合同和技术的转让。项目相关合同的转让是项目公司在项目移交时将所涉合同转让给政府或政府指定的其他机构。技术转让是项目公司应在移交时将项目运营和维护所需要的所有技术,全部移交给政府或政府指定的其他机构。项目相关合同和技术的转让都可能因为之前双方约定合同的限制对项目移交阶段造成一定程度的影响

续表

风险类型	具体分析
不可抗力风险	不可抗力风险由政治不可抗力风险和自然不可抗力风险组成。政治不可抗力风险是非因签约政府方原因导致的,且不在其控制下的征收征用、法律变更、未获审批等政府行为的不可抗力事件。自然不可抗力风险主要指台风、冰雹、地震、海啸、洪水、火山爆发、山体滑坡等自然灾害,有时也包括战争、武装冲突、罢工、骚乱、暴动、疫情等社会异常事件。政治不可抗力风险和自然不可抗力风险都会在一定程度上影响项目移交

2. 移交阶段风险应对

表 6-8 按照政治风险、经营风险、法律风险、其他风险,列举了项目移交阶段风险应对的措施。

项目移交阶段的风险应对 表 6-8

应对措施	具体分析
政治风险的应对	针对政治风险中的法律变更风险、政局稳定风险、行业规定变化风险可以采取风险控制,减少风险发生后可能造成的损失,具体做法是发生此类风险后,政府应对社会资本进行补偿,给予其税收减免、延长特许经营期、合理提高收费标准、提供更优惠的贷款等
	针对政府诚信风险和腐败风险,宜采用风险规避方法来消除对项目移交可能存在的威胁,具体做法是在合同中明确列出社会资本方可根据以往政府表现来选择是否和该政府合作,也可由有公信力的第三方提供特定的项目担保,尽可能减少政府信用风险所带来的损失
经营风险的应对	针对经营风险中的移交后设备状况风险,宜采取风险控制,具体做法是在合同中明确项目移交设备的条件和标准
	针对设备维护状况风险宜采取风险控制,具体做法是在签订设备维护协议中政府和社会资本方约定项目设施的维护条款和相应的奖惩措施
法律风险的应对	针对法律风险中的文件合同冲突风险,宜采取风险规避,设计具有弹性、合理分担风险、明确责任与义务范围等
	针对违约风险,宜采用风险控制,不管是政府、社会资本还是第三方的违约行为,控制违约风险产生的具体做法都是一样的,明确违约行为的认定以及免除责任或限制责任的事项,明确违约行为的承担方式,还应约定违约行为的处理程序,以及处理程序的时限
其他风险的应对	针对其他风险中的不可抗力风险,应采用风险控制、风险转移,具体做法是在不可抗力事件未发生时,不可抗力风险的可投保部分可以转移给保险公司,以此来预防风险;若不可抗力事件已发生,则根据造成的损失,由政府和社会资本根据不可抗力事件对合同履行造成的影响程度,在合同中分别约定不可抗力事件的处理方式,并签订一定的备用金
	针对项目移交资产不达标风险,宜采用风险控制,具体做法是严格遵守移交流程中的性能测试,从设备的性能指标、项目设施的可维护性、项目资产的可运营性与可融资性等角度进行测试,使移交资产达到移交标准

项目移交阶段的风险识别及应对措施是否合理是影响项目成功的关键因素,政府和社会资本方都应本着双赢的态度就项目移交阶段涉及的风险及相应的应对策略进行谈判。谈判时,不仅应遵从对风险最有控制力的一方承担相应的风险的原则,还应遵从承担的风险

程度与回报相匹配原则和承担的风险要有上限的原则。项目移交阶段的风险识别和应对应贯穿整个移交阶段，政府和社会资本方应采取有效的风险应对方式，从而保障移交阶段的顺利进行，乃至保障项目正常进行。

6.7 项目竣工决算的风险管理

竣工决算是建设工程经济效益的全面反映，是项目法人核定各类新增资产价值，办理其交付使用的依据。通过竣工决算，一方面能够正确反映建设工程的实际造价和投资结果；另一方面可以通过竣工决算与概算、预算的对比分析，考核投资控制的工作成效，总结经验教训，积累技术经济方面的基础资料，提高未来建设工程的投资效益。

1. 工程项目竣工决算阶段的主要风险

竣工决算阶段面临的主要风险如表 6-9 所示。

工程项目竣工决算阶段的主要风险　　表 6-9

风险类型	内容
对竣工决算的重视程度不够	对竣工决算的认识不足，认为基建的管理工作主要是项目的争取、工程质量以及进度的控制，而其他的工作就没那么重要，以为工程项目款已经支付，竣工决算是否办理对全局的影响不大
竣工决算编制不及时	基建业务部门的工程管理人员对竣工决算重视程度不够，认为工程竣工决算只是财务部门的工作，他们更偏向于关注工程结算和付款等事项
	在基建项目竣工后不办理验收手续，致使工程决算的资料收集不完整，工程各项费用结算严重滞后
工程审计进度慢	有关工程量核算和材料市场价格等关键信息，有时是以口头承诺形式存在的，在这种情况下，如果双方发生争论，审计进程就会被拖延，进度慢就成为必然
	合同部分条款的内容比较含糊，甲乙双方存在理解的偏差，很长时间都不能审结
基建资金缺口大	为防止施工单位催讨工程款和保证金，故意拖延办理竣工验收手续，导致竣工决算无法进行
编报不规范	各建设单位没有按照要求编制竣工决算报告，报告自成一体，不能形成规范的竣工决算文件
编报不及时	按照规定，竣工验收后应及时办理竣工决算，大中型项目必须在六个月内、小型项目必须在三个月内编制完毕上报，但一些建设单位不能如期办理竣工决算，影响了项目的追加投资和办理移交手续
科目运用不准确	每个建设项目在竣工决算时一般都有固定资产、流动资产和递延资产。如低于固定资产价值标准的办公家具、器具等，应放在"交付使用资产——流动资产"科目核算；生产职工培训费、样品样机购置费、非常损失支出不再核销，作为递延资产单独移交生产使用单位，在"交付使用资产——递延资产"科目核算，但建设单位一般在竣工决算报表上全部反映在"交付使用资产——固定资产"科目，没有正确反映固定资产的真实造价
编报资料不齐全	一份完整的竣工决算报告必须具有四大部分内容：竣工决算报告的封面及目录、竣工工程的平面示意图及主体工程照片、竣工决算报告说明书和全套竣工决算报告报表。现在一些建设单位上报的决算报告大多存在资料不全的问题，一般只有一张费用计算顺序表和实务工程量表及一份简要说明。竣工决算报告作为重要的经济档案，必须具有完整的全套资料，不然它的保存价值就会大大降低

续表

风险类型	内容
决算审核风险	主要表现为建设单位未对工程项目竣工决算审核进行控制,受托审计单位不具有决算审计资质,未按照审计批复意见完善竣工决算报告等风险事件

2. 竣工决算阶段的风险应对

(1) 竣工决算风险监控

竣工决算风险监控就是对项目竣工决算风险因素进行跟踪监视,监视已识别风险因素和进行风险处理后的残余风险,同时识别项目竣工决算进程中的新风险,并评估风险应对措施减轻风险的效果。竣工决算风险监控是一个持续的、循环的过程,必须不间断地进行。

1) 编制竣工决算时的风险监控

编制竣工决算时所需材料主要包括下列文件:

① 经批准的可行性研究报告及其投资估算书;

② 经批准的初步设计或扩大初步设计及其概算书或修正概算书;

③ 经批准的施工图设计及其施工图预算书;

④ 设计交底或图纸会审会议纪要;

⑤ 招标投标的标底、承包合同、工程结算资料;

⑥ 施工记录或施工签证单及其他施工发生的费用记录;

⑦ 竣工图及各种竣工验收资料;

⑧ 历年基建资料、财务决算及批复文件;

⑨ 设备、材料等调价文件和调价记录;

⑩ 有关财务核算制度、办法和其他有关资料、文件等。

项目竣工决算应包括下列内容:

① 项目竣工财务决算说明书;

② 项目竣工财务决算报表;

③ 项目造价分析资料表等。

编制工程项目竣工决算应遵循下列程序:

① 收集、整理有关项目竣工决算依据;

② 清理项目账务和结算物资;

③ 清理项目竣工决算报告;

④ 填写项目竣工决算说明书;

⑤ 报上级审查。

2) 竣工决算送审时的风险监控

财务部门在做好财务竣工决算的同时,应当委托具有工程决算审计资质的中介机构对工程财务竣工决算报告进行审计,或者将编制的工程财务竣工决算报上级主管部门进行审核,并出具审计(审核)报告。工程决算送审时应手续齐全、程序完整、资料完备,否则不予签审。竣工决算送审必备条件和主要文件资料包括:

① 该工程的批复文件;

②工程竣工决算书及编制说明书三份并加盖公章，相关编审人员签字完整，签审程序、手续齐全；

③工程审定概（预）算书，工程开、竣工报告，招标投标的工程还应提供中标通知书、招标投标文件及标底资料等；

④完整的竣（施）工图纸一套及图纸会审技术交底记录，设计变更通知单，现场签证单并签批手续齐全；

⑤隐蔽工程验收记录、工程施工记录资料、计时工签证；

⑥材料、设备计划及物资公司、财务经营部出具的供料核对证明，施工单位自购材料的购货发票并经施工单位及相关管理部门签字认可，签批手续齐全；

⑦工程量计算底稿、材料分析表；

⑧征购地文件、协议书和赔青费的赔青发票（收据）及清单，并经施工单位及相关管理部门签字认可，签批手续齐全；

⑨工程竣工验收报告，实行工程监理的，由监理公司出具监理报告或意见、证明；

⑩工程施工合同及协议书、施工单位资质证书。

如需其他资料，送审单位还应实事求是、积极配合，并予以及时提供，否则不予签审。

（2）竣工决算审计控制

财务部门在做好财务决算的同时，应当委托具有工程决算审计资质的中介机构对工程项目财务决算报告进行审计，及时核实工作量，正确计算全部工程决算金额，并出具决算审计报告。

1）受托审计单位的确定

对限额以上需要采用邀请招标或公开招标的方式确定受托审计单位的，需要与其按规定程序签订委托审计合同，确保委托审计合同的完善规范。同时，审计监督部门还应对招标过程进行监督，以确定招标过程的公开、公平、公正。对限额以下的可以采用由建设单位的决策机构如股东大会来确定的方式，但不能由工程项目经理自行确定，以保证中介机构的独立性和公正性，保证决算审核报告的质量。同时讨论选择中介公司时，一般应考虑中介公司的专业能力、技术水平、信誉等级、行业评价等情况，了解工程造价师的资质等级及是否能够满足工程项目竣工决算审核的要求。在选中中介公司后，也要签订委托合同，确定审核的对象、范围、标准、要求、违约责任等内容，安排专人进行合同管理。

2）工程项目竣工决算审计的控制

虽然工程项目竣工决算审计报告的编制主体是中介机构，但在整个审计的过程中，建设单位还是应该派专职人员参与其中，一方面在审核时提供所需的工程数据，保证数据来源的真实可靠，另一方面也对中介机构的审核起到一个监督的作用，监督其审核程序是否完整、审核取证是否真实、审核人员是否勤勉尽责等，以保证竣工决算审核报告的质量。

此外，在建设单位取得中介机构的竣工决算审计报告后，应组织专职人员对其进行审核，审核的内容包括3个方面：

①审核内容的完整性。首先，审查竣工决算是否全面系统、是否符合实际情况，有无虚假不实、掩盖矛盾等情况，报表中各项指标是否准确真实；其次，要审查竣工决算各种表项是否填列齐全，有无漏报，已报的决算各表的栏次、科目、项目填列是否正确

完整。

② 审核内容的准确性。审核报告中所依据的数据是否准确，审核人员应将其与已掌握的数据资料进行核对，如工程项目设计数据、工程项目材料投入量数据、工程项目材料价格数据等与设计图、预算等资料进行核对。

③ 审核的依据和审核报告的格式。审核报告中是否已列示出竣工决算审核所依据的标准，而在审核过程中是否依照其加以执行，是否存在违法违规的情况。审核的对象和范围等是否与所签订的委托合同一致。另一方面，要检查审核报告中是否有工程造价师的签章、中介机构的公章、监理公司、项目管理公司的公章，报告是否得到其肯定。

(3) 竣工决算风险消除

财务部门在工程项目建设完工后，应当依据工程项目合同及工程管理部门签字认可的设计、施工、监理工作等完工资料，以及工程财务账面结算情况等，及时办理工程项目的财务决算，编制财务竣工决算报告，以确保财务竣工决算报告编制依据充分、及时、规范，降低由于财务决算滞后或质量不高所造成的财务风险。

(4) 竣工决算风险转移

1) 财务部门在做好财务竣工决算的同时，应当委托具有工程决算审计资质的中介机构对工程财务竣工决算报告进行审计，或者将编制的工程财务竣工决算报上级主管部门进行审核，并出具审计报告。

2) 财务部门取得中介机构或上级主管部门的财务竣工决算审计报告后，应组织专职人员对其进行核实，以确认审计报告内容是否符合实际情况，报告中所依据的数据是否和自己已掌握的数据资料核对一致。如果发现存在不符合实际情况和不一致的情况，应及时和对方进行沟通。

6.8 本章重难点分析

1. 项目竣工决算出现的问题

(1) 分摊细化不足

在项目竣工的财务决算工作开展时，需对财务费用进行分摊，以提升财务决算工作的质量与安全。但由于财务人员对项目财务费用分摊不够细化和准确，很多不必要的财务费用计入工程投资成本当中，直接导致成本增加，开发经济效益下降。为了能够保障项目决算工作的可靠性，需要严格制定费用分摊方案，确保工程竣工后财务决算工作的真实性与可信度。

(2) 信息不全面

信息不全面是财务决算工作的重要问题，工程项目竣工后开展的财务决算工作，需要收集建设项目竣工前的所有财务数据信息，并保障其财务数据信息的真实性与可靠性，才可确保该项工作开展的质量。但由于项目建设过程中财务管理机制的不健全，无法保障对全部财务信息的收录，使得最终财务决算工作开展时，收集到的财务信息不完整，无法真实全面反映出建设项目的财务情况，直接影响到财务决算工作开展的质量与安全，对项目建设开发的后续管理工作造成严重危害。

财务信息的完整性、准确性、真实性，直接决定着相关财务决算工作开展的质量与安全。在改善该问题时，不仅需要对财务信息采录机制与系统进行优化改进，构建全面信息化的采录系统，同时需要对财务人员的工作责任感进行提升，保障每一位财务人员都秉持敬畏的态度与专业的技能，开展各项财务数据统计收录工作，针对工程项目建设过程中的每一项财务支出收纳进行严谨审核与收录，为后续工程竣工的财务决算工作提供可靠数据支持，保证财务决算工作开展的可靠性。

（3）组织不完善

财务决算工作小组的组织效果，将直接决定着最终决算工作报告质量。由于财务决算组织人员受传统工作思想的影响，组织决算小组时，通常全部为财务人员，其他的负责人则无法参与其中，导致财务决算工作存在一定的内部控制风险，当财务决算工作出现专业性问题时，所有财务人员都未察觉，将其风险忽略，最终导致严重的决算错误，给项目后续工作和其运营造成严重影响。

为避免财务决算小组组织不完善问题的出现，财务决算工作开展前，有关责任人应对决算工作中存在的隐藏风险进行主动识别，并通过小组成员的组织结构优化，改变小组成员的结构模式，以主动规避财务决算工作可能出现的风险，提高项目竣工后财务决算工作的整体效率与安全。

（4）监管力度不强

工程竣工的财务决算工作，直接影响到项目开发的经济效益，竣工财务决算的数据报告，决定了项目后续建设工作的有序开展，竣工阶段的决算信息可预测出项目开发的整体经济效益。为此，工作人员必须保证财务决算工作开展的质量，最大限度地保证项目开发经济效益。但目前部分项目竣工后开展财务决算工作时，由于监管力度不强，无法保证财务信息的真实性与可靠性，有关财务决算工作环节没有得到严格监管，导致部分工作环节出现问题，直接影响到整体财务决算工作的可靠性与安全性。为避免该类工作风险的出现，项目竣工后的财务决算工作，必须开展严格合理的监督管理工作，对决算机制、工作环节、决算人员、财务信息等进行全过程监督管理，以提高财务决算工作的整体工作效率。

2. 优化建设项目竣工财务决算环节的策略分析

（1）明确工程费用结算金额的确认依据

部分项目工程费用在结算环节就已经引入中介机构进行审定结算，且已经确定了具体的结算金额。因此，会计人员在处理基建项目竣工财务决算审计时，不用再单独考虑建设单位是否取得凭证发票，也不用在账面上再一次确认工程费用的结算金额，可以直接采用财政部门或中介审计机构所审定确认的工程费用结算金额，以达到缩减决算审计程序的目的。

（2）规范审计报告披露信息的来源渠道

部分基建项目没有按照相关规定单独建账进行核算，一般由建设单位和代建单位各自核算后进行数据汇总。但这种核算方式不仅会影响核算数据的准确性，也给审计人员工作增加了审计难度。因此，为了提升审计效率，相关单位部门应当按照会计准则对项目单独建账核算，即使部分项目需要建设单位和代建单位进行分别核算，也应当以建设单位的核算数据为审计依据，且由建设单位承担披露基建项目财务数据的职能。

（3）做好单位主账套相关科目查验工作

由于部分建设单位没有将没收的基建项目投标保证金或履约保证金对项目实际投资额进行冲减,使得项目在决算时才发现决算金额远远超出实际投资额。为了保证决算数据与实际数据的一致性,在开展项目竣工财务决算过程中,应当对单位主账套的"其他收入"以及"营业外收入"等科目账目进行审核,查验是否存在漏报没收基建项目投标保证金或履约保证金等现象。通过二次查验可以为项目决算审计工作提供充足的信息支持,也能够有效降低审计风险。

(4) 合理披露项目利息收入审核依据

基建项目如果没有按照项目差异化设置专门的资金管理账户,可能会影响项目利息收入确认。在审计阶段,项目审计人员需要采取合理的方法计算项目利息收入,并在审计报告中注明利息收入的计算方法;或者,项目审计人员也可以按照建设单位申报的利息收入金额作为确认依据,以财务账面的项目利息收入数据为审核依据;在编制审计报告时则可以直接披露该项目的资金管理状况以及项目利息收入确认。

(5) 重视决算与概算的数据衔接工作

当基建项目在竣工环节开展财务决算审计时,项目审计人员要重视决算数据与概算数据的核对以及统一工作。如果审计人员发现项目实际投入规模远远超过前期工程概算金额,则可以要求建设单位对项目概算文件的相关数据进行调整;如果建设单位拒绝调整项目概算文件,则审计人员可以将超额的金额予以核减,或者直接在审计报告中披露项目决算与概算数据不一致的事实,从而达到降低审计风险的目的。

(6) 及时向相关部门函证拨款情况

基建项目多头拨款、建设资金渠道来源广泛的问题,严重影响了项目决算和财务审计工作。如果项目审计人员只考虑到核对建设单位提供的财务报表账面信息数据来确定项目拨款金额,可能会造成审计所获取的信息数据失真。为了改进这一环节,审计项目的会计人员应当在竣工结算审计工作开展以前,向相关财政部门或项目主管单位发函证求证基建项目的实际拨款金额和款项来源渠道,为审计工作提供更充分可靠的信息依据。

(7) 对基建项目管理水平进行评价检查

为了提升基建项目整体的管理质量,加强财政资金的实际使用价值,审计单位可以在基建项目竣工决算审计工作中向当地的政府及监管部门提出项目评价检查工作,由会计主管部门对基建项目管理划分评价等级,并配备相应的奖惩制度。例如,可以从基建项目计费管理方面细化差异化的评定规则,联合监管部门对基建项目进行检查评估;对于一些计费管理较为优秀的项目可以采取一定的奖励措施,而对于部分管理不善、审计结果不佳的项目,则给予通报批评和处罚,从而有效提高基建项目整体的管理水平。

6.9 案例分析

1. 工程概况

2019年为了扩大A学校的招生规模,决定增加一个学生餐厅并加固校舍。新建学生餐厅为单层框架结构,南北长54.50m,东西宽11.00m,层高4.5m,建筑面积599.50m^2,工程包含外墙刷涂料,内墙刷填泥,制作水磨石地面,安装钢防盗门以及塑钢窗。学生餐厅二期工程为餐厅,顶层新增加轻质隔热彩钢瓦,学生宿舍地面贴地板砖,安装钢防盗门、塑钢窗，外墙刷涂料，内墙刷填泥。南宿舍楼整修工程主要为铲除旧砂浆墙面，重新批填泥；拆除旧门窗，安装钢防盗门、塑钢窗；铲除屋顶旧防水层，重新铺新防水层；整修线路等。餐厅附属工程主要是值班室、简易房、地坪等零星工程。新建学生餐厅工程签订合同暂定价700000元，合同工程质量标准为合格工程，工程内容包括土建、装饰及安装，采用包工包料承包形式，合同开工至竣工日期为2019年7月20日～2019年9月30日，合同工期71日历天，实际竣工日期为2019年9月30日；餐厅二期工程签订合同暂定价660000元，工程质量标准为合格工程，工程内容包括土建、装饰及安装，采用包工包料承包形式，合同开工至竣工日期为2019年10月16日～2019年12月6日，合同工期51日历天。新建学生餐厅、学生餐厅二期工程、南宿舍楼整修的资金来源于中央财政补助资金。

其中下达A学校新建学生餐厅资金70万元，建筑面积600m^2。截至审计日，当地财政局已经支付A学校新建学生餐厅工程款70万元，支付南宿舍楼整修及餐厅附属工程的工程款187万元。工程资金在区财政局设立资金专户，由区财政局直接支付给B公司，未经校方账户。新建餐厅工程施工图设计单位为C公司；监理单位为D公司；南宿舍楼整修工程及餐厅附属工程未签订施工合同；所有工程施工单位均为B公司。

总体项目在2019年7月20日开工，2019年12月6日为竣工日期，2019年12月20日经竣工验收合格。学校在工程竣工后，按照法律规定在3个月内报审材料，分别于2020年2月和6月向审计局提交工程结算书，要求就工程价进行合计，执行工程竣工决算审计。

2. 审计发现的主要问题

新建学生餐厅及校舍改造工程报审总造价1897966.44元，其中：新建学生餐厅工程报审造价978502.12元；餐厅二期工程报审造价607100.95元；南宿舍楼整修工程报审造价156465.78元；餐厅附属工程报审造价125897.59元；新建学生餐厅工程待摊费用报审价30000元（图纸设计费6000元、工程监理费10000元、档案管理费14000元）。经审计，新建学生餐厅及校舍改造工程竣工决算报审价为1897966.44元，实际完成1632700.66元，多计工程款265265.78元，核减率16.3%。

审计结果表明，新建学生餐厅及校舍改造工程已经全部竣工投入使用，学生就餐环境及住宿条件得到改善。建设单位提供的与审计事项有关的工程施工合同、工程监理合同、工程施工图纸、图纸设计合同、现场签证及资金支付凭证等基本真实地反映了工程建设情况，合理运用项目建设资金进行了工程建设，但仍存在以下问题：

（1）虚报工程量，抬高价格

总承包商发给建设单位的联系函反映，有一些楼层房间的顶棚、墙面乳胶漆取消。由于墙面、顶棚面乳胶漆总金额较大，所以将其作为重点核实对象。审计人员经审阅工程招标投标文件、施工合同、工程结算书、施工图、竣工图等资料，并会同建设单位、施工单位多次到现场踏勘，发现项目中，乳胶漆价格由约9元/m^2变为16.8元/m^2（甲方指定品牌，重新定价；16.8元/m^2单价包括基层处理、刮填泥、刷面层乳胶漆）。总承包商发给建设单位的联系函反映，下列部位乳胶漆取消：一层餐厅、厨房顶棚，二层餐厅、厨房、健身馆顶棚、墙面，三层VIP健身馆顶棚、墙面。第一次踏勘现场时，远远看到都是一片白色，好像刷了乳胶漆，似乎施工范围与联系函所述不一致。带着心中的疑惑，审计人员研究观察墙面有乳胶漆和没有乳胶漆（只有白色填泥）时的区别。

根据竣工图和现场踏勘结果，对相应工程量予以调整；根据合同约定，对工程量超出原招标工程量15%的部分进行了重新组价；对现场安全文明施工措施费，按核定费率重新计算；根据建设单位签证，对安装工程中部分定额子目、材料价格等进行了调整。核减造价143489.32元。

该行为不符合《建设工程价款结算暂行办法》（财建〔2004〕369号）的规定，根据《政府投资项目审计规定》第三十六条"审计机关对审计发现的多计工程价款等问题，应当责令建设单位与施工单位依法据实结算"的规定，责令学校应当与施工单位依法据实结算，并结转相关账目。

（2）施工图文件未经审查

经过审计工作发现，新建餐厅工程的施工图设计文件在开展之前并没有进行审核。而且通过一些数据对比发现，计算式与设计变更所要求的院标图纸（施工图、竣工图均有）中在数据上出现了偏差，审计人员立刻将这一现象进行了上报，根据对工程师提供的一些数据进行核查，发现了几个问题：复印件的图纸图号并不清晰，无法确定图纸是否是变更后要求的图纸；在所有提供的图纸中只有该图纸，出现了图号不清晰的情况。根据这几种情况，再加上多方讨论，最后确定图纸上所显示的价格估算并不可取。

该行为不符合《建设工程质量管理条例》（国务院令第279号）第十一条"建设单位应当将施工图设计文件报县级以上人民政府建设行政主管部门或者其他有关部门审查。施工图设计文件审查的具体办法，由国务院建设行政主管部门会同国务院其他有关部门制定。施工图设计文件未经审查批准的，不得使用"的规定。为确保工程质量，学校应当在工程建设前做到先设计审查后施工。

该行为不符合《建设工程价款结算暂行办法》（财建〔2004〕369号）的规定，根据《政府投资建设项目审计条例》第三十六条，责令学校应当与施工单位依法据实结算，并结转相关账目。

（3）未按规定办理项目审批手续

经审计，新建学生餐厅及餐厅二期工程未取得发展和改革委员会批复的项目建设手续。该行为不符合《国务院办公厅关于加强和规范新开工项目管理的通知》（国办发〔2007〕64号）"有关规范投资项目新开工条件，各类投资项目开工建设必须符合下列条件：已经完成审批、核准或备案手续。实行审批制的政府投资项目已经批准可行性研究报告，其中需审批初步设计及概算的项目已经批准初步设计及概算；实行核准制的企业投资项目，已经核准项目申请报告；实行备案制的企业投资项目，已经完成备案手续"的规定。根据《财政违法行为处罚处分条例》第九条"单位和个人有下列违反国家有关投资建设项目的行为之一的，责令改正，调整有关账目，追回被截留、挪用、骗取的国家建设资金，没收违法所得，核减或者停止拨付工程投资。对单位给予警告或者通报批评，其直接负责的主管人员和其他直接责任人员属于国家公务员的，给予记大过处分；情节较重的给予降级或者撤职处分；情节严重的给予开除处分……"的规定，责令学校应按相关规定对新建项目办理项目审批手续。

（4）先开工后办理施工许可证

新建学生餐厅工程实际开工至竣工日期为2019年7月20日至2019年9月30日，施工许可证的签发日期为 2019 年 11 月 27 日，该工程先开工后办理施工许可证；餐厅二期工程未办理施工许可证。

该行为违反了《中华人民共和国建筑法》第七条"建筑工程开工前，建设单位应当按照国家有关规定向工程所在地县级以上人民政府建设行政主管部门申请领取施工许可证，但是，国务院建设行政主管部门确定的限额以下的小型工程除外"的规定。根据该单位的违法事实、性质和情节、社会危害性程度和相关证据，违法行为认定轻微。根据《中华人民共和国建筑法》第六十四条"违反本法规定，未取得施工许可证或者开工报告未经批准擅自施工的，责令改正，对不符合开工条件的责令停止施工，可以处以罚款"的规定，学校应当遵守基本建设程序，先办理施工许可证再开工建设，并对学校处以 10000 元罚款。

3. 审计意见

财政局今后应加强工程建设项目的管理特别是结算管理，认真执行相关规定，工程监理费、设计费的支付按照工程竣工验收合格后支付 80％的工程款，工程质保期满竣工决算审计结束后支付剩余 20％的工程款，坚决杜绝多付工程价款行为的发生，避免造成损失。

该批工程送审资料经多次催促未能将资料送达，且送审资料不完整，后补资料较多，导致该批项目审计时间较长，建议在今后的建设项目中应加强和重视学校建设项目所有资料的收集、整理、归档工作。对工程竣工结算资料以及其他相关资料的真实性和完整性负责，严格按照《审计告知书》要求规范项目送审工作，坚决杜绝补报资料的行为，避免在补报资料过程中弄虚作假行为的发生。

该批工程部分项目存在墙面脱落、防水不到位漏水等情况，建议学校在建设中加强督促，把好质量关，同时对存在的问题督促施工方补救，对已建成项目加强维护管理，确保其正常使用。

在审计中发现学校部分财务基础规范工作较为薄弱，档案管理不到位，个别原始资料不齐全，人员交接中未能严格履行交接程序，建议加强学校会计基础工作和财务档案的管理工作。建议相关工作人员认真学习工程基本建设程序，严格按照报审、批复、办理建设工程规划许可证等程序进行建设。为确保工程质量，审计人员应对施工图纸进行审查。

<h2 style="text-align:center">复习思考题</h2>

1. 简述竣工验收工作原则和要求。
2. 简述工程竣工初验要求。
3. 简述竣工验收阶段风险管理的风险识别及应对措施。
4. 简要叙述项目在竣工时的资料管理。
5. 简述项目竣工决算的风险及应对措施。

第 7 章

建设项目运营阶段咨询控制与风险防范

本章学习目标

通过本章的学习，学生可以掌握建设项目运营阶段咨询控制与风险防范的各个重要环节，对建设项目运营阶段咨询控制与风险防范的规划与管理有更深入的认识。

重点掌握：项目后评价的风险管理、项目经营管理的风险管理、项目资产管理的风险管理。

一般掌握：项目设施管理的风险管理。

本章学习导航

本章学习导航如图 7-1 所示。

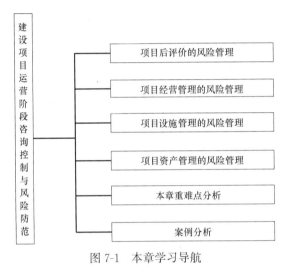

图 7-1 本章学习导航

7.1 项目后评价的风险管理

1. 项目后评价风险研究的重要性

一般认为凡是评价就存在风险，项目后评价也不例外，风险是客观存在的，作为咨询机构和评价人员为了有效地进行项目后评价工作，就必须接受一定的后评价风险。虽然项目后评价属于管理咨询范畴，但是作为一种自上而下，有组织、有目的推动的带有强制性、导向性的工作，后评价主管部门、咨询机构以及评价人员所做出的后评价结论及意见，如果不恰当，小到可能造成对某些项目单位和人员的损害，大到可能影响到集团公司投资决策和投资策略的调整，甚至会影响到人们对作为投资体制改革配套措施的投资项目后评价制定设计的认可。

因此，研究和明确项目后评价的风险问题，就是要引起广大评价人员的充分重视，从而减少做出不恰当的后评价结论和意见的可能性。通过研究、探讨和认识后评价风险的问题和进行风险的防范和控制，有利于增强评价工作的责任感，有利于合理安排后评价工作程序，有利于控制后评价成果质量，有利于提高后评价工作效率，对于提高后评价工作的质量水平具有重要的理论和现实意义。

2. 项目后评价风险的含义与特征

(1) 项目后评价风险的含义

项目后评价风险可以理解为后评价主体对评价对象的效率、效果等有关事项进行评价以后,由于评价结果与实际不相符而产生损失或承担责任的可能性。也可理解为从事项目后评价工作的主管部门、咨询机构和评价人员遭受损失或不利等不期望出现结果的可能性。

项目后评价风险具体表述为评价人员在项目后评价过程中采用了不恰当的工作程序和评价方法,或错误地估计和判断了评价事项,以至得出不恰当的后评价结论和意见,而受到利益相关者的投诉并遭受某种损失的可能性。

项目后评价风险不仅包括有形的,还包括无形的,其风险不仅影响项目管理的微观层面,而且还会影响投资管理的宏观层面。

(2) 项目后评价风险的特征

项目后评价风险的特征和具体分析如表 7-1 所示。

项目后评价风险的特征和具体分析　　　　　表 7-1

风险特征	具体分析
风险存在的客观性	项目后评价风险是客观存在的,由于后评价对象的复杂性,相关信息不透明、不充分,使得后评价工作不仅离不开判断,而且职业判断贯穿于项目后评价工作的全过程,只要有判断就会有误差,就会有风险,这是客观存在的。如销售网络投资项目后评价对象点多面广,只能采用"以点带面"抽取典型项目的方式,通过剖析典型项目实现对后评价整体项目的判断和评价,也就是通过"典型"判断"整体"
风险发生的偶然性和潜在性	后评价风险虽然是客观存在的,但是风险的发生却是偶然的。例如,如果评价人员在评价过程中有判断失误发生,但没有被投诉或追究责任,那么仅仅是潜在的风险;如果被投诉或追究其责任,则就转化为现实的风险或损失。也就是说,由于某些客观原因或评价人员并未意识到的主观原因所造成的风险在被投诉或追究责任时,后评价风险才转化为现实的损失
风险损失的多重性	承担项目后评价风险损失的不仅包括咨询机构和评价人员,而且也可能涉及主管部门。项目后评价实际上是投资人行使权力,是一种监督行为,如果因后评价主管部门的行为发生偏差或结论与实际情况不符,所造成的后果和损失更大、影响更广,不仅会影响到人们对项目后评价工作客观性、权威性的认可,甚至会影响到人们对作为投资项目重要监管手段——项目后评价制度设计的认可。因此,后评价风险损失既有评价主体的,也有授权者的;既有组织的,也有个人的;既有直接的,也有间接的;既有有形的,也有无形的。所有这些损失都是国家、社会、主管部门、咨询机构和评价人员所不愿看到的
风险表现的多样性	后评价结论风险。如在项目目标实现程度评价或综合评价中,由于尚未建立系统、科学的评价体系,一般由评价人员对评价指标或要素进行主观判断,分析评价缺乏科学、量化的评价依据,影响可信度。在这种情况下,如果评价结论不能得到认同,则会引发后评价风险
	后评价经验教训总结风险。后评价经验教训的总结,如果不是围绕项目成败的关键环节,或不是通过对项目实施过程与结果的关联关系进行分析研究得出的,可能会出现对经验教训的界定不准确,或构不成逻辑关系等,从而引发后评价风险

续表

风险特征	具体分析
风险表现的多样性	后评价问题发现和归因风险。在后评价过程中,咨询机构和评价人员通过在短时间内查阅档案资料、检查现场和召开座谈会等方式,集中收集数据和分析数据,并据以形成后评价结论和意见。由于评价对象和经济活动的复杂性、多变性,在此过程中可能存在资料收集不完备、现场检查取证不充分、座谈讨论不深入等情况,引起问题发现不准确、归因分析不正确,从而产生后评价风险
	后评价建议风险。后评价工作的一项重要内容就是要针对发现的问题提出建议,这就需要评价人员对评价对象、被评价单位和行业发展有充分的了解。如果仅靠短时间内的后评价现场调研和项目档案资料做出分析判断,未能全面了解企业生产、经营状况和行业发展水平,有可能提出不切实际、缺乏针对性和可操作性的建议,从而产生后评价风险
风险成因的复杂性	评价客体和评价依据的影响。如项目尚未完成竣工决算审计和竣工验收工作,对项目后评价工作来说,不仅导致评价依据不充分,而且也缺少问题发现的重要线索,是不可控因素
	评价环境的影响。如企业档案管理相关规定不完善,项目存档资料不完整,会影响后评价依据的充分性;如项目竣工财务决算编制规定不完善,项目竣工决算编制不规范,不能满足各阶段投资总额、分项和构成的对比分析,将会影响后评价工作的深入开展,是不可控因素
	工作程序和评价方法的影响。所采取的程序和方法是否科学、适用,直接影响到后评价成果的质量水平,从而形成后评价风险,对咨询机构和评价人员来讲,是可控因素,可以通过不断的总结加以改进
	评价主体的影响。在后评价过程中不断遇到新情况、新问题,必然要借助职业判断去认定某一评价事项,评价人员业务水平参差不齐、队伍不稳定、专业不配套等问题,会导致后评价风险的存在。尤其在新形势下对后评价工作提出了更高的要求,评价人员做出正确结论的难度更大,从而形成后评价风险。对咨询机构来说,在一定程度上是可控因素,可以通过相关工作加以改进

3. 项目后评价风险评估

后评价风险是由多种因素所致,它何时会发生以及产生的后果虽然无法预知,但仍然可以通过评价主体的努力对其进行适当的管理,将其控制在一定的范围之内。对咨询机构和评价人员来说,需要平衡风险-成本-效率之间的关系,即防控风险成本越大,风险相对越低,但随着风险降低又会导致评价效率的下降。后评价风险从技术上来说是不可能降至为零的,只能在一定的成本范围内将后评价风险控制在可以接受的水平内。也就是对咨询机构和评价人员来说,降低评价风险与承受评价风险通常是并存的,只要总体风险水平是可以接受的,就可以接受后评价任务和开展后评价工作。基于后评价风险成因的复杂性,作为后评价主体的咨询单位和评价人员应着力做好可控因素的控制,通过风险评估和风险防范来实现后评价总体风险的控制。

(1) 什么是风险评估

风险评估包括发现风险,确定风险的可能性,以及决定风险的规模或程度是否可接受。

(2) 为什么进行风险评估

通过后评价风险评估能够识别分析因素,判断风险的总体水平,从而使后评价工作的重点更加明确,措施和工作更具有效率,减少对低风险评价事项或评价内容的过度评价,使资源得到最好的利用。

(3) 如何进行后评价风险评估

项目后评价风险评估应贯穿于后评价工作过程的始终,包括接受任务之前的风险评估、制定工作计划阶段的风险评估、后评价现场调研阶段的风险评估,以及后评价成果编制阶段的风险评估,同时还要进行总体风险评估。

1) 接受任务之前的风险评估

主要是针对后评价项目所属业务领域是否熟知,资源是否有保证等方面进行风险评估,即接受项目后评价可能会有什么风险。

2) 制定工作计划阶段的风险评估

主要是针对工作计划中有关防范风险措施是否可以降低后评价风险,可以通过对防范措施的可行性进行分析。包括选择合适的项目负责人,组成资源合理的项目组,选择合适的外部专家等。

3) 后评价现场调研阶段的风险评估

主要是针对工作程序、评价方法、资源利用和评价依据或证据的收集与分析等方面进行评估。包括现场调研前的准备工作,如设计问卷调查表、确定后评价基础资料清单、与项目单位及主管部门协调相关事宜等;实施现场调研中档案资料查阅、现场检查和座谈会讨论各环节的资源配置、工作底稿和座谈讨论提纲等;重点是围绕数据资料和信息收集是否充分,是否可靠。

4) 后评价成果编制阶段的风险评估

主要是评价后评价成果风险是否控制在可以接受的水平之内,可以通过质量保证体系评审把关,评价报告成果的说服力,包括后评价报告编写的逻辑性、综合性和数据指标定量分析的运用。

4. 后评价风险防范措施与控制对策

表 7-2 列举了后评价风险防范措施与控制对策。

后评价风险防范措施与控制对策　　　　表 7-2

评价方面	措施	具体分析
后评价主体方面	培养一支训练有素的专业队伍	项目后评价是一种基于知识和经验的专业化的管理咨询工作,后评价主体是后评价工作的执行者,是影响后评价成果质量水平的根本因素,评价主体应是训练有素的专业队伍。咨询机构需要不断加强业务技术和职业道德培训,强化后评价专业队伍建设,以适应新形势下评价工作的需要。评价人员的行为应该正直、公正、客观、称职和专业,具有丰富的调查和评估工作经验。评价人员素质包括职业要求、技术和专业胜任能力,其中专业胜任能力包括分析能力、沟通能力、判断力、耐心以及良好的文字表达能力

续表

评价方面	措施	具体分析
后评价主体方面	强化后评价风险意识	从目前的形势来看,项目后评价风险意识还没有深入人心,咨询机构和评价人员对项目后评价的风险意识及风险防范重要性的认识存在不足。强化后评价风险意识是防范后评价风险的前提
后评价工作程序方面	选好专家,组成专业配套的项目组	专家应具有足够的能力和独立性,如果专家在业务工作中的权威性不够,或与项目单位利益密切相关而使其独立性不够,就不能保证后评价成果质量和规避后评价风险。虽然评价人员可以利用专家意见作为评价依据,但咨询机构和评价人员必须对结论负全责
	事前做好准备工作,全过程注重沟通协调	制定工作方案,设计数据资料信息采集表,确定后评价基础资料清单;在后评价工作过程中应与相关各方保持良好的沟通协调,咨询单位与被评价单位紧密结合、优势互补,对后评价结论达成共识是后评价工作成败的关键。必要时需向后评价主管部门告知进展细节,以取得理解、支持与帮助
	结合实际情况,优化调整工作程序	项目后评价是一种调查工作,工作程序要有灵活性,要结合项目实际情况开展工作,工作程序的调整应以不影响后评价成果质量为原则
	建立质量控制制度,强化成果质量把关	咨询单位应按照质量保证体系要求,认真履行内部评审程序是保证后评价报告成果质量与水平的重要环节。同时,要正确处理后评价质量、数量、进度的关系,减少后评价风险
后评价工作技术方法方面	借鉴国外绩效审计经验,引入进行问题分析的工作模式	
	按照规范化、标准化和信息化的路径,深化后评价工作	研究制定规范化的工作程序。只有在统一原则和程序指导下完成的项目评价工作,才能保证后评价工作总结的经验教训对后续类似项目具有可参考性和借鉴意义,保证对项目的评价指标具有横向的可比性
		建立专家现场调研意见表和编制后评价工作底稿制度。评价人员和专家要扎实、规范地开展后评价工作,编制好专家现场调研意见表和后评价工作底稿,收集充分适当的证据,把资源分配于高风险的部分
		研究制定操作性的技术规范。借鉴外国咨询公司投资项目后评价的方法和经验,研究制定不同类型项目的标准化的《项目后评价信息数据采集表》,规范信息数据的调查内容和范围;研究项目后评价工作标准、操作规程,保证工作质量和提高工作效率
		建立项目后评价信息管理系统。应利用信息技术,建立项目后评价数据库和信息管理系统,提高后评价管理工作水平,提高项目后评价基础数据的准确性、可比性,提高工作效率和成果质量水平,适应新形势对后评价工作的发展要求

7.2 项目经营管理的风险管理

1. 存在的主要风险

项目生产经营期管理风险主要是在生产经营期中由于管理不善造成的成本增加、利润减少。具体表现如表 7-3 所示。

项目生产经营期管理存在的主要风险　　　　　　　表 7-3

经营风险类型	具体分析
管理费用过大	项目公司缺乏有效的经营管理制度和财务监督制度,造成不必要的浪费和开支,日常管理费用急剧上涨,使企业生产经营成本增加,效益减少
直接成本增加	企业管理人员素质底下,缺乏市场调查、筛选和质量监控手段,购进了质量不符的原材料而造成损失
引发重大事故	企业管理人员素质低,责任心不强,而引重大事故
盲目投资上新项目	企业领导缺乏经济头脑和市场信息,只求多种经营,盲目铺摊子、上新项目而给企业带来损失
效率低下	企业缺乏严格的风险责任机制、奖惩激励机制、分配机制和用人机制,企业管理手段落后等使管理人员工作效率低下

从管理风险的表现形式不难看出:管理风险产生的主要原因是由于企业领导及管理人员业务素质较差、知识陈旧、风险意识及法律意识薄弱、责任心不强;企业管理制度和监督制度不健全、缺乏有效的风险防范机制、责任机制和奖惩激励机制,企业管理手段落后等。

项目的投资者以往在同一领域是否具有成功的经验是贷款银行衡量项目经营管理风险的一项重要指标。实践证明,在一个由多个投资者组成的合资项目中,如果项目经理是由一个具有良好资信的投资者委派,那么无论是对整个项目进行融资,还是其中个别投资者单独进行融资,这一因素都会成为项目很好的信用支持。

2. 风险的防范措施

控制项目的经营管理风险主要从 3 个方面综合考虑:第一,项目经理(无论是否为项目投资者)在同一领域的工作经验和资信。第二,项目经理是否为项目投资者之一。如果是投资者,则要看在项目中占多大比例,一般经验是项目经理同时又是项目最大投资者之一(40%以上),这对于项目融资是很有帮助的。第三,除项目经理的直接投资外,项目经理具有利润分成或成本控制奖励机制。这些措施使用恰当可以有效地降低项目风险。具体来说,可采取表 7-4 所列的措施。

项目生产经营期管理风险的防范措施　　　　　　　表 7-4

防范措施	具体分析
建立风险防范机制和用人机制	将项目法人责任制落到实处
	制定各种规章制度

续表

防范措施	具体分析
建立风险防范机制和用人机制	建立奖惩激励机制、岗位目标责任机制
	建立健全监督约束机制及审计制度
	推广并完善监理机制
建立总分目标，应用现代管理手段	制定项目建设期总分目标体系
	总目标制定出来后，再根据建设进度安排，制定出分年、分部门、分岗位的目标
	项目公司还要加强对人员的管理和教育，加强有关制度的制定，加强计划、财务、统计工作等

7.3 项目设施管理的风险管理

1. 设施管理的范围和服务内容

（1）范围

设施管理的范围包括：所有组织都依赖于支持流程，而这些流程往往对其核心业务至关重要。设施管理整合和优化了广泛的支持流程并提供它们的输出（设施服务），使需求组织能够专注于其主要活动。设施管理的目标是确保这种支持符合组织的使命和策略，以合适的形式，确定的质量和数量，并以具有成本效益的方式提供输出。

（2）服务内容

设施管理涵盖并整合了范围广泛的流程、服务、活动和设施，实现了成本效益，提供了安全和健康的工作场所，并确保提供有效的设施服务。主要的服务内容如表 7-5 所示。

设施管理的服务内容　　　　　表 7-5

序号	服务内容	具体分析
1	空间管理	优化空间分配，分析空间利用率，分摊空间费用
2	租赁管理	根据业务发展合理配置不动产和办公空间
3	运维管理	通过应需维护、定期维护流程对建筑运维进行规范化
4	环境与风险管理	在发生灾难和紧急情况时确保业务连续性，加快设施功能恢复
5	家具和设备管理	监控固定资产成本和分配，计算折旧，规划人员和资产的搬迁
6	工作场所管理	包括服务台，为公共服务请求提供站式自助服务门户，降低行政成本；预订管理，帮助员工或客户查找并预订空间、设备或其他任何资源；共享办公空间管理，有效安排多人共享一个工位，减少空间成本支出
7	物业管理	以项目管理的方式管理物业的重要维护、翻修、装潢工作
8	其他系统与运维系统的数据交换管理	运维管理系统中的部门、员工、供应商、采购订单等数据和流程与业主的 ERP 或协同工作平台交互

同时，国际设施管理协会（IFMA）对设施管理功能的定义十分广泛，包括组织内部所有与设施管理相关的业务，如设施管理计划、空间规划、项目财务与融资、日常运维安保等。更加详细、具体的设施管理，如图 7-2 所示。

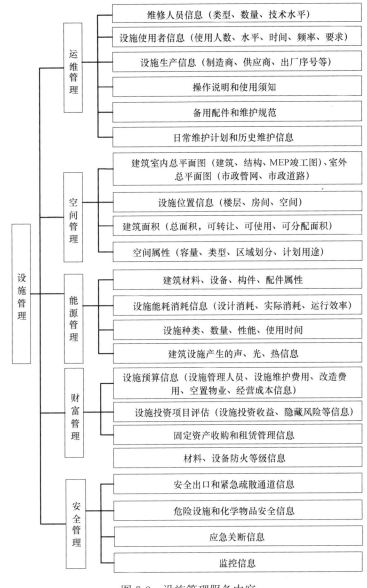

图 7-2 设施管理服务内容

7.4 项目资产管理的风险管理

经过竣工验收和检验后的建设项目已转化为合格的建设项目产品,即建筑物。一方面在竣工阶段,对建设项目产品进行验收,并将完整的、合格的建设产品移交给投资人或产权人,将建设项目产品转化为资产进行管理,同时通过运营发挥其投资作用;另一方面在运营阶段,通过资产管理实现建设项目的资产价值,是投资人要实现其目标的基础。因此,无论资产管理方是哪个角色,只有对建设项目开展良好的资产管理,才能最大限度地提高资金的价值和利益相关方期望的满意度。

全过程工程造价咨询机构在资产管理的工作内容要求下，在策划和评估方面出具咨询方案。一方面，全过程工程造价咨询机构对资产的增值和运营进行分析，为委托人提供管理依据；另一方面，全过程工程造价咨询机构需充分了解各方需求，为资产管理制定清晰的目标，并为委托人提供合理化建议。

资产管理主要从建设项目的资产增值、运营安全分析和策划、运营资产清查和评估、招商策划和租赁管理等方面进行策划。

（1）建设项目的资产增值。一是把竣工验收和检验合格后的建设项目转化为固定资产，实现资产价值；二是设备材料使用年限分析。建筑物中的设备材料的使用年限和建筑物的全生命周期各有不同，所以在建筑物全生命周期内存在着设备材料的常规维护、中修和大修情况；三是运营成本分析。在建设项目移交后，应研究工程资料，根据建设项目的功能和营造标准，准确定运营管理的范围内容和特点，进而分析建筑物维护费用标准的构成，对费用的影响因素和费用可量化程度进行分析。这将有利于实现资产增值。

（2）建设项目的运营安全分析和策划。一是形成建筑物的运营维护指导书，以保证建筑物正常运营和保证其品质，确保资产的增值和保值；二是维修应急方案策划。编制建筑物的大、中修及常规维护的规划，及时安排资金，准备备品、备件，做好边维修边使用的应急方案。这将有利于体现资产的价值。

（3）建设项目的运营资产清查和评估。一是根据建设项目情况对资产进行清查并形成资产清单，为资产评估提供基础数据；二是结合决策阶段设定的目标及优质建设项目评判标准对建设项目形成的固定资产进行评估、调整、维护等工作，有利于实现资产保值。

（4）建设项目的招商策划和租赁管理。为了建筑物的保值和增值，需要设置使用人员准入条件，加强建筑物的招商策划和（或）租赁管理。首先确定合格的使用单位或人员的要求，尽可能使用建筑物或建筑小区的单位的经营范围产生聚集效应，通过良好的聚集效应，使其建筑物的功能得到更好提升；其次，规范租赁人员的行为和义务，营造共同保护建筑物的意识；再次，借助信息化物联网等先进技术，协调服务。有利于提高建筑物的物业管理水平以及利益相关方的满意度。

1. 资产管理的目的

资产管理，并实现资产价值，是任何组织要实现其目标的基础。无论是公共还是私人部门，无论资产是有形的，还是无形的，只有良好的资产管理，才能最大限度地提高资金的价值和利益相关方期望的满意度。资产管理涉及协调和优化规划、资产选择、采集/开发利用、服务（维修）和最终处置或更新相应的资产和资产系统。资产管理应思考什么是我们想要达到的资产，如何做到这一点等。除了评估与资产相关的风险外，它需要有一个长期战略。这种长期战略方法还迫使我们去更好地了解我们的资产。识别资产和管理资产，对资产存在的问题有深入的了解，有助于经营决策和组织的总体绩效。

2. 资产管理的风险

资产管理的风险如表 7-6 所示。

资产管理的风险　　　　　表 7-6

风险类型	具体分析
市场风险	市价波动对于运营或投资可能产生亏损的风险，如利率、汇率、股价等变动对相关部位损益的影响

续表

风险类型	具体分析
信用风险	交易对手无力偿付货款或恶意倒闭致求偿无门的风险
流动性风险	影响资金调度能力的风险,如负债管理、资产变现性、紧急流动应变能力
作业风险	作业制度不良与操作疏忽失误造成的风险,如流程设计不良或矛盾、作业执行发生疏漏、内部控制未落实
法律风险	契约的完备和有效与否可能产生的风险,如承做业务的适法性、对外文契约及外国法令的认知
会计风险	会计处理与税务对盈利可能产生的风险,如账务的妥适性、合法性、税务咨询及处理是否完备
咨询风险	咨询系统的安控、运作、备援失当导致的风险,如系统障碍、资料消灭,安全防护或电脑病毒预防与处理不当等

7.5 本章重难点分析

1. 项目后评价风险

(1) 含义

项目后评价风险可以理解为后评价主体对评价对象的效率、效果等有关事项进行评价以后,由于评价结果与实际不相符而产生损失或承担责任的可能性。

具体表述为评价人员在项目后评价过程中采用了不恰当的工作程序和评价方法,或错误地估计和判断了评价事项,以至得出不恰当的后评价结论和意见,而受到利益相关者的投诉并遭受某种损失的可能性。

(2) 特征

1) 风险存在的客观性;

2) 风险发生的偶然性和潜在性;

3) 风险损失的多重性;

4) 风险表现的多样性;

5) 风险成因的复杂性。

2. 经营管理的风险管理

经常遇到的主要风险因素有:

(1) 管理费用过大

项目公司缺乏有效的经营管理制度和财务监督制度,造成不必要的浪费和开支,日常管理费用急剧上涨,使企业生产经营成本增加,效益减少。

(2) 直接成本增加

企业管理人员素质低下,缺乏市场调查、筛选和质量监控手段,购进了质量不符的原材料而造成损失。

(3) 引发重大事故

由于企业管理人员素质低,责任心不强而引发重大事故。

3. 资产管理的风险管理

主要风险因素有：

（1）市场风险

市价波动对运营或投资可能产生亏损的风险，如利率、汇率、股价等变动对相关部位损益的影响。

（2）信用风险

交易对手无力偿付货款，或恶意倒闭致求偿无门的风险。

（3）流动性风险

影响资金调度能力的风险，如负债管理、资产变现性、紧急流动应变能力。

（4）作业风险

作业制度不良与操作疏失造成的风险，如流程设计不良或矛盾、作业执行发生疏漏、内部控制未落实。

（5）法律风险

契约的完备和有效与否可能产生的风险，如承做业务的适法性、对外文契约及外国法令的认知等。

（6）会计风险

会计处理与税务对盈利可能产生的风险，如账务的妥适性、合法性、税务咨询及处理是否完备。

（7）咨询风险

咨询系统的安控、运作、备援失当导致的风险，如系统障碍、资料消灭，安全防护或电脑病毒预防与处理不当等。

7.6 案例分析

1. 某公司文体中心项目概况

本项目用地面积 65000.8m^2，总建筑面积 106087.96m^2，其中：地上建筑面积 61934.06 m^2；地下总建筑面积 44153.9m^2；占地面积 30813.39m^2，绿化面积 9750m^2；机动车停车位1126个〔包括地上机动车停车位（含5个大巴车位）36个、地下机动车停车位1090个〕；建筑密度47.40%；容积率0.95；绿化率15%；同时，建设与本项目相配套的给水排水、供配电等其他附属工程设施。

（1）项目设施维护

房屋建筑〔游泳馆、健身中心、青少年体验中心（DO嘟城）/活动中心、青少年活动中心、展览馆、图书馆、会展中心、会议中心〕、附属公共设施（给水排水、强弱电、暖通等）及配套设施的管养维护和物业管理服务。

（2）项目运营

游泳馆、健身中心、青少年体验中心（DO嘟城）/活动中心、青少年活动中心、展览馆、图书馆、会展中心、会议中心、冠名和广告等无形资产开发、演艺事业、商业开发、物业管理等。

2. 项目运营时出现的风险

（1）角色定位不准确

政府、社会资本投资方的定位不利于从公共利益的方向来策划组织项目，难以确定各个部门的职责，在各参与方中，主导者、监督者、设计者的角色定位不准确，难以考虑公众利益，为风险管理增加难度。

（2）风险分担机制不合理

很多专家对此进行过研究，通过建立较为完整的管理制度，构建新的管理模式。我国研究得较晚，实践层面缺少案例经验支撑。在风险管理中，应将风险分配给更有风险承受能力的一方，按照这样的风险分担机制能有效进行风险管理，实际操作层面上，社会资本投资方在实施方案落定之后才进入到项目当中，导致了社会资本投资本就会处于相对被动的状态。

（3）风险的识别和评估依赖于经验

目前依赖于专家经验，虽然这些经验来自于长时间的实际积累，但主观性太强，存在很大的不确定性，还有数据分析的方法，依然存在样本太小，数据总量不够的问题，无法得出正确的结论。

（4）债务信息披露和报告不透明

项目相关信息的不合理披露对财务管理、资源分配和运营管理影响是巨大的，导致预算安排不合理，从而对资产负债表产生负面影响。

（5）资金风险

资金成本导致长期、较高利率的存在。贷款条件会随着时间而变化，如果不能利用有利条件调整贷款，获得更长期、更低利率的更多贷款，会增加资金成本，降低股权回报率。如果改变了贷款条件，也会引起争议，可能会违反资本金"先进后出"的原则，这类问题在我国还没有政策框架，不可控风险大大增加。

3. 解决措施

（1）提升管理水平

加强内部培训，快速提升项目组的管理水平。在项目执行过程中，加强项目组的团队建设和业务培训，营造出一个学习型、团结型、富有战斗力的项目管理团队，使得每个项目组成员不但明白自己的岗位工作和工作程序，同时还能了解相关的岗位工作和工作程序，掌握项目管理的初步知识和处理一般问题的能力。

（2）建立动态风险预警及风险监控机制

项目工程具有规模大、建设周期长、风险复杂多变的特点，因此有效建立风险管控机制，进而降低项目风险发生的可能性，最大化预防和提出风险应对方案，减小风险对项目带来的伤害。

（3）选择合适的合作对象，完善担保体系

为确保建设项目有效运行和发挥作用，实现对风险有效控制，让项目取得更好收益，应该选择合适的合作对象，提升项目成功率，以便项目获得更高收益。

（4）完善担保体系，重视信贷风险防范

创新常态下建设项目的抵押担保方式，有效防范风险。提升金融服务、预算服务和咨询服务质量，提高结算速度，创新结算方式。增进与业主之间的沟通和协调，协助改善企业信用形象,加强贷款和信用审核,有效防控信贷风险,让建设项目更好运行并发挥作用。

复习思考题

1. 简述项目后评价风险的含义与特征。
2. 简述项目经营时的风险及应对措施。
3. 简述项目在设备管理时的风险及应对措施。
4. 简述项目资产管理的风险及应对措施。

参考文献

[1] 郑若仙. 试析建筑施工企业财务管理中的风险及审计对策[J]. 今日财富（中国知识产权），2021，(01)：173-174.

[2] 刘英杰，丁静媛，薛智文. 基于区间概率优势全过程工程咨询模型优选[J]. 工程管理学报，2020，34（06）：7-12.

[3] 滕淑润，白新龙. 全过程造价咨询控制重点研究[J]. 科技经济导刊，2021，29（01）：74-75.

[4] 林东华. 全过程工程造价咨询服务模式及发展策略探讨[J]. 广西城镇建设，2020，(12)：88-89.

[5] 程超，葛子勤，王亚红. 高校建设项目决策与设计阶段的建设投资影响因素分析[J]. 工程建设与设计，2020，(24)：228-229+254.

[6] 洪周. 全过程工程造价咨询的各阶段关注要点[J]. 居舍，2020，(36)：119-120.

[7] 王鸿霞. 全过程工程造价咨询各阶段分析[J]. 住宅与房地产，2020，(36)：31-32.

[8] 罗夏. 交通工程建设项目竣工结算支付内部控制措施探究[J]. 经济管理文摘，2020，(24)：107-108.

[9] 蒋磊. 工程项目管理实施中的风险管理探讨[J]. 居舍，2020，(35)：135-136+164.

[10] 刘孟凯，许孔毅. 建设工程设计阶段信息管理风险评估[J]. 工业安全与环保，2020，46（12）：69-74.

[11] 姚辉. 高速公路路面施工阶段交通安全管控措施探讨[J]. 建筑安全，2020，35（12）：59-61.

[12] 戚金兴. 房地产企业投资决策与风险防范研究[J]. 投资与合作，2020，(11)：5-6.

[13] 张丽娜. BIM技术在房屋建筑施工阶段的应用解析[J]. 陶瓷，2020，(11)：147-148.

[14] 曹丽姗. 全过程工程造价咨询的各阶段关注要点分析[J]. 决策探索（中），2020，(10)：32-33.

[15] 陈豪杰. 项目投资风险全过程管理探讨[J]. 财经界，2020，(30)：53-54.

[16] 杨雷，宋成辉. EPC总承包模式下设计阶段的造价管理与控制[J]. 智能城市，2020，6（17）：73-74.